日式教養不一樣

（改版）

蔡慶玉 著

獻給賦予我生命的爸爸、媽媽，讓我有機會孕育下一代

目次

一、學齡前生活

從你們出生開始，天天都有許多第一次的經驗。
在這段你們還沒有記憶的日子，是媽媽這生最深刻的記憶。

二、背書包上學去

你們終於長大要第一次離開家去上學了，我知道接下來會面臨一連串的人生課題，媽媽希望你們兩個自己一定要堅強勇敢。跌倒了雙手拍拍站起來，又是雲淡風輕了。

三、中野屋媽媽的大挑戰

當一個混血兒到底是什麼感覺和心情呢？媽媽不知道，不過可以確定的是，不需要問自己比較喜歡哪一邊，因為答案早融合在你們身體裡了。

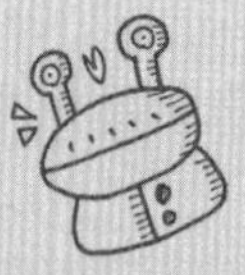

〈推薦文〉

日本人也會想看的育兒書

小兒科醫師　林玠模

認識慶玉快二十年了，她從學生時代就已經是個能力卓越而極具國際觀的人。爾後她更是在台灣、日本、美國等地居住及工作，來來回回繞著地球跑，負責許多跨國合作案。不意外的，學生時代的男友也就是後來的先生 Sogo-san，也跨國界來自日本，出身日本京都大學，工作則有時在日本、有時常駐美國。Sogo-san從事的不是一般工作，而是「天外騎機」的工作，是巴斯光年所說的「飛向宇宙，浩瀚無垠」，是日本太空總署（JAXA）國際太空站的負責主管。平時休閒愛好駕駛賽車及小型飛機，具有飛行執照。

Sogo-san上知天文，要統籌在沒水沒電，還沒空氣沒重力的地方讓人長期居住，追逐人類夢想與期望，又必須穩穩落實，不得失誤；實際在地表上與他相處時，更可以發現他對於生活周遭大小事物，無不有專業的分析及認識，邏輯論理十分清晰，確實下知地理。最重要的，溫和謙遜的態度以及許許多多好男人的事蹟，更是讓人印象深刻。

除了慶玉夫妻，我也是看著悅然和悅生長大的，並在他們偶爾身體不適的時候提供一些協助。基本上，他們是身體健康及發育發展良好的孩子，聰明活潑且極富好奇心，學習能力很強，與人相處有禮貌卻不失熱情，也有自制力，是很多父母心中都想要有的那種孩子。

處在世界劇烈變革的時代，成功的定義及規則也不斷改變，如何面對現在，如何面對未來，人們心中難免有許多不安，也更想找尋答案，是為自己也更為了下一代。

台灣出版的教養相關書籍，從美國虎媽、挪威、芬蘭、英法德、以色列（猶太）、澳洲、日本，繞了地球一圈，當然也少不了許多本土的書籍雜誌，身為小兒科醫師和雙胞胎爸爸的我，也和大家一樣，都一本一本仔細拜讀過。

雖然和慶玉及其家人早就熟識，但是讀了慶玉這本新作，發現裡面有許許多多小故事，詳實描述在日本育兒的現場實況，非常生動且引人入勝。我雖不是哈日族，讀著讀著卻更能從每個小細節中，體驗到細緻的教養內涵及日本精神文化，看得我都入迷了。

從本書中，我們得以一窺一個日本教授家庭，曾經如何孕育出一位優秀的航太專家，以及如何正在培養優質的下一代。這不僅是一本關於日本教養的書，更是一本日本如何培育精英的參考書，不僅應該有中文版，我想也應該再出個日文版，讓日本民眾也有幸跟隨。

論語說：「友直、友諒、友多聞，益矣。」我何其有幸，能認識這樣的好友及其家庭。藉由慶玉的文筆所至，我相信讀者們也有機會藉由文字跨時空與其家庭結為好友，受到啟發而獲益匪淺。

（本文作者台大醫學系畢，現為聖心診所醫師。）

〈推薦文〉

他山之石

親子作家　李偉文

在以前多子多孫的時代，「老大照書養，其餘照豬養」或許是滿寫實的描述，但是在這只生一個、二個孩子的時代，每個孩子都是夫妻兩個家族共同的心肝寶貝，不容有任何閃失，因此在爺爺奶奶、外公外婆以及三姑六婆，各種道聽塗說的教養祕笈下，往往會把孩子的父母搞得無所適從。

總覺得在這變化迅速的時代，教養孩子已成為專業的學問，我們無法以自己成長的經驗套用在孩子身上，因此，必須多方學習以及思考，所謂「他山之石可以攻錯」，這本《日式教養不一樣》是一本可以讓我們檢視與反省的書。

作者是台灣媽媽嫁給日本爸爸，她的孩子十多年來，在日本台灣兩地交互生活與成長，身為媽媽的她在文化衝突與不同教育體制下，被逼著用比較超然的角度，有意識的面對與比較教養的方法及態度。

台灣民眾對日本的情感可說是錯綜複雜，年輕人因為時尚流行而哈日；家裡老人家因為童年生長在日本時代，所以對日本文化自然有一種鄉愁似的美好想像；至於正在社會中辛苦奔波的中年人，一方面因為商場的競爭與二次大戰的侵華歷史偶爾懷抱敵意，另一方面又因為日本人的自律與要求完美的龜毛精神不得不致上某種敬意。

雖然這些年日本的社會氛圍偶有狀況，在環境變遷過程中，也有許多年輕人適應不良，但是他們在學童階段的家庭教育普遍來說，的確令人佩服。

在這全球化及地球村的時代裡，每個孩子將來勢必要跟來自全世界的孩子共處，因此，我們的確有必要了解別的國家是以何種方法在陪伴孩子，尤其是與我們往來密切的日本，這本《日式教養不一樣》非常詳實清楚又生動的內容，是我們學習與參考的好書。

一、學齡前生活

從你們出生開始，天天都有許多第一次的經驗。
在這段你們還沒有記憶的日子，是媽媽這生最深刻的記憶。

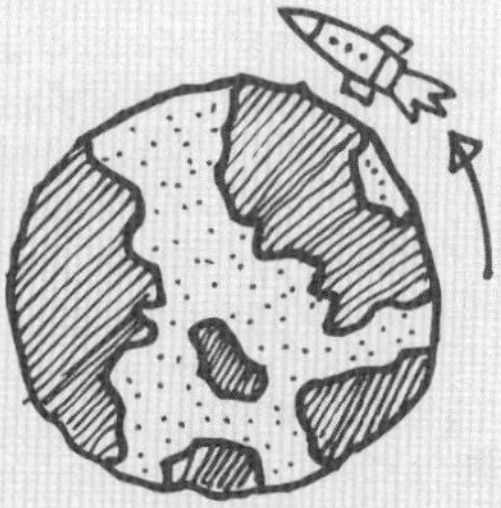

1. 冬天不穿襪子

我家的然然哥哥在二月出生，在日本是接近零下的寒冬，對於從小生長在四季如春的台灣媽媽我來說，是一大挑戰。小嬰兒時被我包得一層又一層，圓滾滾的像球一樣，掉下去應該也不會痛。我出生在北海道的先生看到不敢直接說，就趁我不注意時，「來，把拔抱抱。」趁機脫掉一件衣服，不然就裝作若無其事地把小手套拿起來，或是不動聲色地幫然然脫掉一隻襪子。

我發現時非常生氣，接近零下的嚴冬，一定會感冒的，到時怎麼辦？怎麼可以自己不覺得冷，就把小嬰兒的襪子脫掉。

我先生委婉客氣地說，**給予嬰兒溫度上適當的刺激，可以提高身體調節溫**

度的功能。我請教在日本小兒科當護士的小祝太太，真的是這樣嗎？她解釋說：

第一，小嬰兒的腳是散熱的地方，假如把熱氣包起來，身體反而會因為濕氣而變冷，極端的例子還有被凍傷的。

第二，足部是人的第二個心臟，末梢神經感覺敏銳的地方，刺激腳底也會刺激到腦部。這個理由對於深信腳底按摩的我，非常有說服力。

第三，穿襪子也可能會影響到腳趾頭的動作，甚至連帶到腿部的發展。但是外出時，還是要穿襪子來保暖。不過，不可以太小太緊，以免影響到腳的形狀。

我恍然大悟，在美國看到娃娃車裡的小寶寶，常看到他們穿著可愛的「小腿護襪」，像芭蕾舞者套在鞋上方那種襪套。歐美品牌像Gap的嬰幼兒童裝常常有賣，原本以為只是穿漂亮好看的，想不到這是個讓小寶寶不穿襪子，但又可以保暖的折衷好辦法。難怪我嫁給美國人的同學Alyssa跟我說，很多美國寶寶都只穿Leg warmer（襪套），尤其她生的是雙胞胎，換尿布時超方便的，比起小長褲穿穿脫脫，既簡單又不怕換尿布耗時太久，寶寶容易著涼。

我雖然對不穿襪子這件事比較不排斥了，知道好處多多，可是究竟還是狠不下心。直到送然然哥哥去上幼稚園，我親眼證實，果然每個小朋友都是光腳丫，才真正被說服。日本冬天早上將近0度，然然哥哥一進門，脫完鞋子之後，掛好大衣外套時，園長老師們便請他脫掉襪子。木頭地板一塵不染，早晨的陽光透過斜上方一大排的玻璃屋頂，投射到這一群光著腳丫，健康活蹦亂跳的孩子身上，大家開心地在寬敞開放的大長廊玩遊戲。因為沒穿襪子，比較不會滑腳，跑來跑去也沒人跌倒。我回頭看看窗外，細細白雪，輕輕地飄落了下來。

♪冬天穿短褲

下雪不穿襪不神奇，有時冬天還會穿短褲；跟我印象中，日本小男孩冬天時，穿深藍色短褲，長筒襪，雙頰像蘋果一樣紅通通的，幾乎一模一樣。日本人教養的基本觀念，小朋友是「風の子」，應該是不怕風，不怕雨的。要培養強壯的身體和堅強的意志，才有能力面對豐富的人生挑戰。兒童文學家宮沢賢治，有一首廣為人知的詩，描寫不懼風雨的精神，常被刻在小學的校門口：

「雨にもまけず，
風にもまけず，
雪にも夏の暑さにもまけぬ，
丈夫なからだをもち。」

（不畏風，不懼雨，不怕冰雪，不怕酷暑，練就一身強健的身體）

我的朋友Hiro從小在日本長大，他說每當冬天回台灣時，一定會被長輩關心，「為什麼穿這麼少，多加件衣服啦。」我不禁會心一笑，想起自己其實也有同樣的經驗，帶孩子坐捷運時，被不認識的人好心地說：「哎呀，怎麼讓小孩穿短袖！」

♪北海道的歐記醬歐巴醬家

在台灣出生的我，以前怕熱又怕冷，在日本住了十幾年後，身體也漸漸適應了當地的氣候，不用穿很多也不覺得冷。冬天放寒假，到北海道歐記醬歐巴醬家時，白雪靄靄，氣溫零下十度，我跟悅生寶寶穿著長靴，一邊玩雪，一邊走路去對面書店買東西。我身上穿的跟我在台灣一模一樣，一件保暖衣加上套頭毛衣，外出時再穿上一件輕羽絨外套，只多了一雙手套和帽子，一點也不覺得冷，只覺得下雪天的空氣冰涼又舒服。我到北海道時，除了禦寒之外，更在意的是防曬。北方雪地裡的UV紫外線指數很強，我一曬馬上滿臉雀斑，可別小看冬天的太陽喔。

我先生認為穿太多，身體的抵抗力會變弱，反而容易感冒，而且難以痊癒。我根據自己的實際經驗，也漸漸相信**身體禦寒力和意志力都是可以訓練的**。在台灣，「草莓」這麼豐收，不知道是不是小時候，沒讓他們穿短褲抵抗風寒呢？

2. 然然的第一口食物

♪ 慎重的第一口蘋果泥

我的日本婆婆是大學的家政老師，然然哥哥是她的第一個孫子，當然是開心的不得了，趕緊拿出她當年的教學菁華筆記，回憶年輕時的育兒經驗，準備大顯身手。

在日本，小寶寶在大約五個月時，會開始吃離乳食。通常第一口食物是蘋果泥。我為了迎接這歷史性的一刻，挑了一天黃道吉日，拿出早就買好的「嬰兒專用磨蘋果泥工具和專用軟軟湯匙」。歐巴醬（おばあちゃん，日文奶奶的暱稱）非常仔細的清洗過，再用熱水燙過消毒。

那一顆準備要給小寶寶下肚的蘋果，是我先生站在超市前，從一顆顆個別精緻包裝的高級蘋果中用心挑選出來的，有機栽培，甜度13；上面還有寫農夫的名字，真是謝謝這位山田先生種出這麼一顆優質的蘋果。把拔一回到家，就趕緊讓然然跟蘋果合照留念，再加上幾張蘋果特寫。我則很興奮的將這顆「世界一」洗到快脫皮，才開始磨蘋果泥。

因為是第一口食物，其實只能很節制地喝蘋果泥的果汁部分。然然哥哥一聞到蘋果的香味，便張大眼睛露出期待的表情。我輕輕地把一小湯匙的現磨蘋果汁，靠近然然小小的嘴巴，他馬上本能地張開嘴巴，一口舔光，滿足又開心地笑起來，意猶未盡的還想要喝。看著然然哥哥貪吃的可愛模樣，我在心裡恭喜慶祝他，開始有能力迎接人間美食，也期望他這一生不愁吃穿，永無匱乏。

♪「お初食い」初嘗儀式

很多台灣朋友聽到我講述這段過程，都會覺得太誇張了吧，其實對於第一口食物的慎重，我們家這樣還不算誇張。日本人會在寶寶出生後一百二十天左右，有一個叫做「初嘗」的儀式。這是從江戶時代開始的傳統，祈求上天保佑這個孩子身體健健康康，一輩子有飯吃。儀式很講究，要用高級的漆器。出乎意料的是，男生是紅色的漆碗，女生是黑色的漆碗。

我想現在這個年代，很少會有人沒有飯吃，特別是在日本，社會福利好的國家。但我還是很喜歡這樣的儀式，對生命中第一次用餐的慎重，深深地蘊含著對上天和食物的感恩。在台灣對於寶寶的第一口食物，好像沒

這顆蘋果很普通，是樹上幾千顆之一；
這顆蘋果很特別，是然然第一口食物。

有特別在意或是類似的傳統儀式，大家比較在意的是滿月抓周的結果，看將來會不會讀書，飛黃騰達賺大錢。

♪台式離乳食——愛心大碗公

我小時候對離乳食的印象就是，巷口的阿嬤拿著一個碗，站在走路搖搖晃晃的小小孩前，一邊伸手餵飯，一邊跟鄰居道長短。等到小孩大了，開始會跑來跑去，阿嬤還是拿著同樣一個碗，一邊餵一邊聊天，只是會多一句，「賣走啦，趕緊來呷飯！」

每當走過熟悉的左鄰右舍，寒暄說，「你的金孫又長高長胖了。」這時，阿嬤會自豪的說，她都用大骨熬湯，那一碗粥非常營養喔，有加了小魚乾、豬肉、菠菜、紅蘿蔔、洋蔥……，唸完可能要花三分鐘。那一碗什麼都有的粥，感受到阿嬤對金孫滿滿的溫情和無微不至的呵護。

♪然然的小嬰兒精緻套餐

歐巴醬煮給他金孫然然的離乳食，所有的料理是一道一道上，像是日式定食或法式套餐。

她告訴我說，這個階段的寶寶，吃飯還有一個目的，就是要訓練食感味覺，如何去品嘗食物，讓小寶寶記得各種不同食材的味道。所以菜都是單獨煮的，不像台灣式的做法，把所有食材燉成一大鍋。

然然平常的一餐飯，第一道是菠菜湯，主菜是雞胸肉煮牛奶，副菜是燉南瓜和吻仔魚涼拌海帶，甜點是優酪乳，餐後水果是香蕉泥。每道菜都分放在不同的可愛碗盤裡，像大人吃定食一樣。

對日本人來說，吃飯這件事，重要的不單是填飽肚子，有飽足感就好。日本有句諺語，「目で食べる」，美食要用眼睛享用，像懷石料理就很講究食器擺設。不單是大人，我婆婆認為孩子從小用的餐盤，也是一種美感的訓練，能夠增進食慾。

調教有「品味」的孩子

蔣勳老師在《美的覺醒》這本書裡提到，味覺的訓練其實是很重要的，尤其是對口腔期的小嬰兒。因為其他感官還沒發展成熟，記憶是靠味覺去嘗試很多東西形成的。難怪小嬰兒喜歡把東西往嘴裡放。**也許培養一個有「品味」，有美感的孩子，第一個關鍵就是從味覺的訓練和記憶開始。**

「美」這個字在說文解字裡的解釋是，「羊大為美」，日本的漢學家認為，這個字可能源自於古人在吃羊肉時，從味覺上所得到的一種感受，一種讚美，然後把這種感官上快樂和滿足的經驗，稱為「美」。

練習小肌肉，增加手的觸感經驗

在然然還不能握好小湯匙之前，歐巴醬就儘量讓他自己用手拿食物吃，吃相不佳，掉的滿桌滿地都是，我覺得用餵的不是比較快又好善後嗎？但是我看左右鄰居也都是讓小嬰兒自己吃，只好入境隨俗。為了讓然然自己好拿，我會把食物切成長條的形狀，像是吐司小條、鮪魚小條。然然大概一歲多的時候，我試著開始讓他們吃肉鬆。但是，然然哥哥和悅生寶寶都沒有特別喜歡。而且，歐巴醬認為肉鬆是加工品，她比較主張食用天然食品。日本沒有肉鬆，雖然我自己很愛吃，但因為是肉品，不能帶去日本，漂流異鄉的我只好忍耐。

♪ 納豆寶寶

悅生寶寶從一歲開始，就非常喜歡吃納豆，他可以直接吃或是配飯吃掉一整盒。納豆營養價值高，有很豐富的植物性蛋白質，一點都不輸牛肉之類的食物。納豆非常下飯，我只要一盒，就可以吃光一大碗飯。跟日本單身上班族一樣，我家冰箱也隨時都有納豆，沒有什麼菜的時候，就可以解決一餐，方便又營養，普遍性和重要性就像我思念台灣餐桌上的那一包肉鬆。

♪大骨頭湯

日本在電視上看不到奶粉的廣告，除非必要，很少讓孩子喝配方奶。瘦瘦的然然哥哥回台灣時，從小到大總是會被說：「哎呀，怎麼這麼瘦呀！要吃卡胖胖啦！買一些大骨頭來熬湯。」

對於大家讚不絕口的大骨頭湯，其實在一般日本家庭並不普遍。我家附近的超市幾乎買不到大骨。我問我先生，哪裡可以買到大骨；他叫我不用麻煩，下班一起去吃豚骨拉麵就好了，一般超市買不到的啦。我跟他解釋，是我想熬湯給然然喝；而且抱著兩歲小寶寶去拉麵店吃又鹹又油的食物，肯定會被指指點點的吧；而且恐怕還沒出門，歐巴醬聽到會先昏倒吧。

♪講求天然：不喝配方奶，不吃維他命

買不到大骨熬湯的情況下，我想那就買成長配方奶補充營養好了。可是，

日本也沒有賣！我先生還反問我，為什麼要買補充營養品，喝鮮奶就好了。以他的「大和標準」，並不覺得然然過瘦，雖然我極力解釋「中華標準」，小孩子要胖嘟嘟像米其林寶寶一樣，但兩人似乎沒能達到共識。

我還是不放棄，回台灣的時候，聽媽媽朋友的建議，她自己天生瘦瘦小小，兒子卻白白胖胖。於是我遵從她開給我的列表，到藥局買了一堆瓶瓶罐罐嬰兒用的添加維他命，像是Omeg3、DHA。

回到日本，我先生很輕描淡寫地（生怕我不高興）問我說，人工的東西有必要讓小孩吃嗎？本來我很拿不定主意，但後來仔細想一想，的確，台灣人最喜歡的日本藥妝店，從感冒、肚子痛、肌肉痠痛到保健美容、各式各樣的藥品都有，可是嬰兒的維他命少之又少。只有大家常見的兒童魚肝油，就是那個很多人小時候都吃過的黃色橢圓包裝。

日本根深柢固的觀念是，**均衡的營養必須從食物中正常攝取**。近年來，大人很流行吃各種維他命、健康食品，但對小寶寶及兒童來說，還是「天然的响厚」。我在台灣買了一堆嬰兒維他命，不吃浪費，只好勉強我老公吃掉了。

People in Japan

我家的湯底

日本的湯底多用海帶片或是小魚乾泡煮。海帶片記得煮之前不能刷洗，以免營養成分被洗掉；等水一滾，海帶片就可拿起來。我都是將六、七隻小魚乾放進裝滿水的小寶特瓶，然後放進冰箱冰一晚，隔天早上剛好可以煮味噌湯。

3. 小孩天生愛玩沙

♪育兒的文化衝突

我在結婚之前，在東京的外商廣告公司工作了快十年，對於日本企業文化、工作模式，有一定程度的了解，很少有不適應的地方。但是嫁給日本人，**生了寶寶之後，這才面臨到所謂的文化衝擊**（culture shock）。

我先生出生在北海道，大學研究所在京都大學，工作在東京近郊。等於待過日本國土的北邊、西邊、東邊，又娶了國境之南的我，接觸過各地的風土民情，因此我一廂情願地相信，他的觀念應該很正確，想法比較中肯，不會有偏頗。我的婆婆是大學的經濟和家政老師，對育兒教養和保健衛生有專業性的見解和醫療級的標準。在這樣的環境下，我這個做媽媽的，總是叫自己放下心，也不要有太多的意見，盡量遵照「日方作法」。雖然有時會不以為然，但是表面上還是輕描淡寫地（學日本人的）說，「そうですか。這樣呀。」

直到然然哥哥快一歲的時候，發生了一件事讓我震驚不已的事。我去超市買菜，回程經過家附近的公園，竟然看到我兒子坐在「沙堆」裡；歐巴醬在一旁，面露慈祥和藹的微笑看著她的金孫。天啊！那不是海邊沙灘浪漫的白沙，是類似工地那種黑黑的沙。我看了都快昏倒了。一個箭步衝過去，抱起黑頭土臉的然然，快速地拍掉他身上的沙子，用輕功飛奔回家，直達浴室，將他全身從頭到腳沖洗了好幾遍，再用除菌消毒紙巾一直擦，直到確定他的指甲及身上一粒沙都沒有。

我實在是不懂，我婆婆為什麼要讓小寶寶玩沙？因為對於在台灣大都市長大，從小被灌輸不要亂摸東西的我，當時對我來說，沙子等於不乾淨的東西，實在是很難理解。在我那個年代，玩沙只有所謂不乖的孩子才會做的事。

等我先生下班回家，吃飯時，我馬上用近似「告狀」的態度說，「你媽帶小孩去玩沙耶。」頓時，他臉馬上從飯碗抬起來，問說，「有照片嗎？」我心想，什麼？要證據？你不相信我說的？

沒想到，他滿臉笑容的說：「哇！我兒子開始玩沙啦，真是歷史性感動的一刻。」我先生對我解釋說，玩沙對日本小朋友來說，是最稀鬆平常的事了，雖然他可以了解我的心情（他真的了解嗎？），但是沙子真的很好玩，他小時候也常玩到不想回家。

我告狀不成，有點不服氣。那天晚上，我趕緊上網，想要找資料說服他們這一家人：玩沙是不好的事。沒想到，卻看到一堆關於玩沙好處的文章。

♪ 教育專家贊成玩沙，觸覺可刺激腦部

北海道教育大學的笠間浩幸教授（Kasama Hiroyuki）在一份幼兒研究報告中指出，玩沙有許多益處。

一、藉由手腳的觸感，直接刺激大腦的發展。
二、發揮想像力和創造性。
三、激發科學性和具體化數學的基本概念。
四、發展語言，像是擬聲擬態語。
五、建立人際關係和社會性。

手被認定為是第二大腦，用手實際地感受沙子的溫度變化，像是夏天時溫熱，冬天時冰冷，天氣晴朗的疏鬆，或是下過雨後的濕潤；不同的觸覺經驗，可以刺激腦部的發達。

笠間教授後來還出了一本書《砂場と子ども（沙堆和小孩）》，倡導玩沙對教育孩子的好處。

我自己對觸覺這部分特別感興趣，想起美學大師蔣勳提到，我們應該多給孩子一些觸覺的經驗和回憶。其實，在人的身體裡，觸覺曾經是最強烈的渴望，但是台灣人因為儒家傳統禮教的影響，觸覺是被壓抑，甚至是禁忌的。我想起某個夏天的傍晚，在夕陽餘暉中，脫掉鞋子、赤腳踩在高美濕地上，那種

夏天，北海道歐記醬家附近的公園，40年前把拔也在這裡玩沙，
這個沙坑是父子三人共同的童年回憶。

柔軟的感動，的確是其他感官經驗無法替代，令人難忘的。

♪各國小朋友天生愛玩沙

後來，我們也正式加入了「玩沙一族」。其實，不只是在日本，美國和德國都盛行玩沙；我德國的朋友說，在德國沙堆比便利店還多。我也注意到日本各地的幼稚園、小學和公園，一定都會有一個沙堆坑，裡面總是有幾個流連忘返的小朋友。我家兩兄弟看到就好像被磁鐵吸過去般，然然哥哥拿個小樹枝，專心的堆沙堡、蓋水庫。悅生寶寶用小小鏟子堆小山，或是挖個洞把一片葉子藏進去，還跟我說等隔天要再來看有沒有被挖走。有時兩兄弟合作搓搓丸子，煮一盤「沙沙套餐」和一杯「珍珠奶茶」要請我。

雖然兩兄弟臉上手上全黑黑的，但是那滿足的笑容，一點都不輸高級進口玩具帶來的喜悅。我常常覺得孩子們的玩具真的不需要買太多，因為一下子就又想要新的。悅然和悅生唯一不會膩的只有玩沙。而且，專注力集中，玩一個小時都不會膩，拖也拖不走。我有時在一旁滑手機，滑到都不知道要看什麼時，然然哥哥和悅生寶寶還在做台北一〇一大戰東京晴空塔，比一比哪個比較高。後來我已經不再排斥讓孩子玩沙，煩惱的是，等會兒該如何成功說服兩兄弟回家。

♪台灣的玩沙風

台灣最近這幾年也漸漸開始玩沙的風氣。悅生的幼稚園資深老師跟我說，玩沙真的有助於孩子的肢體觸覺感知，過程中可增進人際間的社會性互動，小朋友會學習和別人分享、輪流，有助於語言的表達能力。道禾幼稚園堅持讓小朋友兩周一次玩沙，會事先得到家長同意，穿沒有口袋的衣服，盡情的玩，髒了也沒關係。

台灣幼稚園老師的說法也和北海道教育大學的研究不謀而合，再次讓我肯定了玩沙這件事，對幼兒發展的指標性意義。近年回台灣，我發現除了學校，許多地方也增加了不少區域可讓孩子玩沙，比如台中的草悟綠園道和一些親子餐廳。我小學同學會有一次在親子咖啡廳，庭園有一個白沙堆，我們大人在裡面喝咖啡，已經聊了二十多年的是非往事，小朋友們在外面玩沙，玩了好幾個小時都還不厭倦。

♪玩沙注意事項

小朋友雖然很喜歡玩沙，不過日本學校的老師說，管理沙堆其實很麻煩，除了要定期消毒清理換沙，還要注意有沒有小貓咪的尿尿，或是會割傷小朋友的東西。基本上，日本人都很有公德心，才能讓所有的小朋友玩得開心安心。最重要的是，玩完之後，一定要洗手跟漱口。把每根手指頭洗得乾乾淨淨的，檢查指甲內有沒有黑漬或細沙。

然然哥哥和悅生寶寶一回到家，第一件事就是洗手和漱口。日本各級學校，尤其是幼稚園和小學，都非常注重宣導漱口。二〇〇五年京都大學的一份

悅生這天要體驗當初媽媽懷孕的辛苦，把球放在肚子一整天，
玩沙時也不例外。

醫學論文中證實，正確的漱口可以積極有效地防止細菌病從口入，減少40%的感冒發生率。所以只要玩沙之後記得洗手漱口，就可以無後顧之憂了。

玩沙不僅小孩子開心，有時候我童心未泯一起玩，真的還滿好玩。我坐在北海道初秋的公園沙堆旁，抓一把沙，輕輕的從手掌往下滑，那溫熱的觸感，的確有些妙不可言。我不僅想到，這些沙是從哪兒來的，腦中浮現了熟悉的台灣民歌，「拾起一把海裡來的沙，就是擁有海裡來的偶然，……你是否願意當那海裡來的沙？隨著潮來潮往遇上了我。」

然然玩沙。

4. 發燒不可以吃藥？

♪燒到頭殼壞去的恐懼

當媽媽的人，最擔心害怕的就是小寶寶生病了！每次然然一發高燒，真叫人坐立不安，不知道如何是好。育兒書幾乎都寫著發燒可能會有生命危險；還會特別用紅色加粗字體，列出可怕的併發症。長一輩的台灣人會警告說，妳要小心，不要讓小孩燒到頭殼壞去。

對我來說，身處異鄉，對於小孩生病發燒這件事，更是如履薄冰，戰戰兢兢。有一天半夜，可怕的事情發生了，然然竟然發燒到三十九．五度。我連忙搖醒我先生，趕緊開車送到醫院急診室。我心想在日本這個已開發國家，對於小兒醫療一定有先進的治療方法。

不料，醫生只給我兩顆小小的塞劑，連退燒藥水也沒有，還萬般囑咐我，塞劑不可以一直塞，要在體溫三十八．五度以上，而且一定要間隔八小時以上。醫生看我非常焦急，便建議我說，那妳幫小寶寶泡泡澡好了。啥米！我有沒有聽錯呀，生病還泡澡？泡澡不是要脫光衣服，鐵定會感冒的。不對，是已經感冒了耶。再泡下去，鐵定會病入膏肓的。

可憐的然然高燒一直沒退，因為高燒不舒服而睡不安穩一直哭醒；只要我一幫他貼上退燒貼，就會哭醒；就算是小朋友專用的退燒貼，上面印有最喜歡的麵包超人圖案也沒用。

這樣真的沒問題嗎？然然已經燒了兩天，而我卻什麼都不能做。好想再塞一顆塞劑，或是餵一杯退燒藥水，看看會不會快快退燒。可是，我老公在一旁虎視眈眈的，早就料到我會想偷偷塞。我想假如家中有金庫的話，他一定想把這顆塞劑鎖在保險箱。

我先生及一般日本人認為小孩子發燒沒關係，雖然大人會很緊張，但這是身體跟細菌在對抗，戰勝了之後，免疫力會更提升。若是馬上用藥物刻意讓溫度降下來，反而之後更容易生病，而且生病會更不容易好。

我突然想起來，以前國中同學志玲，現在是中醫師也是兩個孩子的媽媽，我曾問她中醫對孩子發燒的看法，她跟我們這幾個緊張兮兮的媽媽說，發燒是好事，

我發燒了，全身都熱熱的，好想泡個澡。

是身體發揮抵抗力，把壞病菌燒光光的，你們以後就別太擔心了。話雖如此，但我還無法放寬心。

♪小兒科醫生對發燒泡澡的看法

我實在是太著急了，直接拿起手機撥越洋國際電話，給我一位台大醫科的小兒科醫師朋友。玠模耐心地聽完我語無倫次的述說，專業的分析說，在歐美的確會幫寶寶洗澡以加速身體散熱，假如然然精神狀況還不錯，沒超過38度時，不排斥也沒哭鬧的話，我可以試試看，但是身體馬上要擦乾，不要吹到風，多喝水。我趕緊遵照指示，把燒燙燙的然然放進小浴盆裡，他用手輕輕地撥撥水，感覺好像舒服多了。

我隔天看診時，又請教日本的小兒科醫生，為什麼要讓寶寶泡澡？醫生解釋說，寶寶發燒時洗溫水澡可以讓皮膚的血管擴張，增加血液循環，把毛細孔打開，將熱散出，來達到降低體溫的作用。水的溫度最好是介於攝氏38～40度左右，泡十五分鐘左右。洗澡還可以清潔皮膚，避免汗腺阻塞，讓因發燒而煩躁的寶寶比較舒服，能安穩睡著。

醫生很強調說，要多補充水分，因為**水可以調節體溫度，讓免疫力能正常的進行，幫助身體的恢復**。因為發燒時，皮膚容易蒸發掉水分，退燒出汗也會流失不少水分和電解質而容易脫水。

♪台灣就醫方便

這些年我帶著孩子往來台灣和日本兩地，發現在台灣看病真方便。雖然孩子生病要帶去看醫生，花時間又麻煩，而且很怕被其他生病的孩子傳染。但沒住在國外之前，身在福中不知福，台灣的醫療保健可真是方便。我很多住在美國的阿姨表姊，都特地回來台灣看病。尤其是台灣的ＩＣ健保卡很先進，不但所有的醫療資料有系統的記錄，現在聽說連器官捐贈都可以登記在健保卡；日本的健保卡還是普通的卡，都沒辦法「刷」呢。

在台灣看病的第一個好處就是，醫師看診的時間長。在日本，超過晚上六點，就要去掛急診了；很少有晚上看診的醫生。

第二是自我負擔額低，在台灣大都只要繳交掛號費一百五十元。在日本，基本費用大概是二千七百日圓（九百元台幣左右）。我常常想，這還是有保險的三成負擔耶。

第三是方便選擇多。台灣的診所快跟便利店一樣多了，從小兒科、內科、牙科到醫美，全方位的診所，任何時候有病痛都可以找得到醫師。

在台灣，婦女生小孩還可住進五星級月子中心；三餐加早午點心，一天吃五餐；小嬰兒還有專業護士洗澡、餵奶。醫院配合度高，生小孩還可以看時辰剖腹。但在日本，除非孕婦或胎兒有重大問題，一般都只能自然生產，三天內就得出院。現代的日本，也沒有所謂「做月子」這個好命的概念。但是，日本女性也沒有什麼症頭，而且是全世界最長壽的人種。

♪日本貼心親切的醫療

在日本看病，雖然收費高，但是服務品質確實是沒話說。在日本診所看病進門，一定要脫鞋子，換上室內脫鞋。地板擦得一塵不染，窗台、桌子和所有的地方，都是消毒過的，幾乎一點灰塵都沒有。

在醫院，醫生和護士都尊稱患者「樣」，這個敬語用法，跟住在高級飯店和百貨公司購物相同的貴賓等級。我和然然哥哥碰到的醫生和護士，都對生病的小朋友非常有愛心和耐心。講話的時候，一定會蹲下來，跟然然同等高度的視線，會不停地誇獎他很乖很聽話，不勉強他不做的動作，會先聊一下別的話題，轉移他們害怕的注意力。

每個護士都親切笑咪咪，真是所謂的白衣天使，難怪日本男生會對護士有浪漫幻想。我小時候的印象，護士都是凶巴巴的晚娘面孔，打針又好痛，沒辦法理解日本男生為什麼會有美妙的幻想，真正見到日本護士，不僅在心中暗暗偷笑：原來如此呀！這也難怪。

♪お薬手帳

在日本，去藥局領藥時，會給一本「お薬手帳（用藥手冊）」，記錄服用過的藥，作為醫療用藥的根據。

台灣的藥包則是一堆藥裝在同一包，根本不知道哪一顆是什麼，整包吞進去就好了。在日本是一種一包，每顆藥都會有照片，用一般簡單的文字說明藥的療效和注意事項。需要服用抗生素時，醫生一定會特別叮囑我，每天按固定時間讓然然服用，必須把處方的天數、份量全部吃完，不可以自作主張覺得他好像痊癒了，怕身體有負擔就停掉尚未吃完的藥。

♪避免院內感染

去醫院最怕的就是，本來好好的，去了一趟，結果被傳染了。最近日本很多小兒科，預防接種和一般診療是分開的。例如在正式看診開始前一個小時，先開放給沒有生病，只需要打預防接種的小朋友。

我常去的宮川醫院，除了可以先預約外，護士會給一個BB-CALL，像在美食廣場那種到號就會ㄅㄧㄅㄧ的小圓盤。等待候診時候，可以先在車內或附近的書店逛逛；不會全部都擠在小小的候診室，個個面色凝重，東一個咳嗽，西一個流鼻涕，心情就已經不好了，又更鬱卒。怕自己被傳染到，也不想傳染給別人，只好不停地叫小朋友，手不要亂摸；所以可以不用待在診所裏等，比較沒有精神壓力，會安心許多。

台灣和日本看病各有好處，但最好是不要生病。健保費兩邊都白繳也沒關係，當做是求保庇的香油錢就好了。

People in Japan

日本婦女產後吃什麼？

日本產婦並沒有喝雞湯、麻油腰花或是不洗頭等特別的坐月子方式來調理身體。只有強調均衡飲食，多補充流失的鈣質，像小魚乾或是牛奶等。我婆婆說，以前為了讓奶水豐沛，會多吃「もち」麻糬，但是現代人說容易得乳腺炎，已經很多人盡量避免吃了。

5. 和小嬰兒一起泡澡

然然剛出生時，我對幫小嬰兒洗澡有恐懼感，心情忐忑不安，深怕一個閃神，手一滑，小嬰兒就掉下去了。但是我這個日本老公卻一點也不害怕。從我懷孕起便一直嗆聲說，他要和寶寶一起泡澡，還不停地像小丸子一樣的說，「好期待ㄛ。楽しみ（tanoshimi）。」我半信半疑的聽聽就算了。

我問日本朋友妙子，要怎麼幫寶寶洗澡比較不會掉下去？她很理所當然的告訴我說：「妳脫衣服進去一起洗就好了呀。」我其實很不贊成大人和小孩一起泡澡，總覺得很不衛生。我心想，完蛋了，坐完月子回到日本孤軍奮鬥，我該怎麼辦？老公在Skype那端拍胸脯說，「哈哈哈！OK，OK，包在我身上。」

果真，我和小Baby然然回到日本家那天，父子倆便脫光光，一起泡在浴缸裡。二個月大的然然一副享受的樣子，懶洋洋地半躺在爸爸的身上，臉上滿足的表情，就彷彿徜徉在夏威夷的海邊，眼前有藍天、白雲和比基尼美女。

台灣人一定不會這樣，我除了嚴格督促老公要先從頭到腳刷洗乾淨，還很懷疑地去查了日本的育嬰書，翻到如何替寶寶洗澡的那一頁，上面竟然很清楚地寫著「和剛出生的小嬰兒一起泡澡的方法」；我再上網一查，立刻出現琳瑯滿目的資料。在日本，似乎沒有討論可不可以和小嬰兒一起泡澡的問題，早就被認為是理所當然的事。

具體來說，和小寶寶一起泡澡，可以藉由肌膚親近的觸覺，傳遞媽媽或爸爸的溫暖和愛，會讓小寶寶也覺得很幸福。而且比較大的浴缸，可以很快就讓身體暖和起來，舒緩放鬆，幫助入睡。孩子若有髒髒鼻涕時，也會一下子就流出來。

♪ 愛泡澡的日本國民

日本人天生愛泡澡，從出生兩、三個月的小嬰兒到八、九十歲的老公老婆婆，全民都喜愛，這習慣藏在基因裡。歐美和台灣人洗澡都是用蓮蓬頭，沖澡而已，比較不會像**日本人幾乎每天都喜歡泡一下**。日本的房子，就算是出租給學生的簡陋老公寓，浴室也一定會有個小浴缸。

日本人認為泡澡對身體好，除了可以消除疲勞，促進新陳代謝和滋潤皮膚，還可使身心舒暢，幫助睡眠。剛到日本的冬天，我朋友妙子叮嚀我，只沖完澡不泡一下暖和身體，是會感冒的。

♪ 八分鐘理論

不過，我長年住在北海道的歐巴醬，就對洗澡這件事非常謹慎，她有所謂的「八分鐘理論」，意思就是洗澡時間不能超過八分鐘，否則就會著涼感冒，而且容易併發肺炎。聽起來滿有道理，可是這可讓身為兒媳婦的我，備受壓力，本來就已經不太會幫寶寶洗澡了，還要被計時，時間一到，歐巴醬就會很客氣的敲敲門說，「差不多了喔，泡太久身體會累，體溫過高，會頭昏眼花喔，還是趕快出來吧。」

北海道旭川市位於北緯四十三度，一年有將近一半在0度以下，又冷又乾，所以把洗澡看成是一件很重大的事，因為乾冷，所以不洗澡也不會覺得黏黏不舒服。但對出生在北回歸線二十三．五度的我來說，洗澡是一天算幾次的，夏天我大概一天會沖三次澡。只要看到悅然和悅生寶寶滿頭大汗時，就馬上抓進去浴室沖一沖，趁歐巴醬出去沒看到，順便讓他們玩玩水清涼一下。

♪在日本泡溫泉的正確方法

我很喜歡在日本泡溫泉，也會帶二、三歲時的悅生寶寶跟我進去女湯。首先是更衣室，我把頭髮束起綁成像高包頭的樣子，和悅生寶寶把全身脫光光，

在日本跟把拔一起洗澡。

在台灣只能一個人泡澡。

長大和悅生弟弟一起泡澡玩耍。

不能用大浴巾包裹身體進去溫泉池，頂多只用一條小毛巾遮一下重點部位。進到溫泉區，要先把全身上下洗乾淨。因為沖水區的位子很靠近，大家都排排坐，所以我用蓮蓬頭沖洗悅生寶寶時很小心，怕水會連隔壁的歐巴桑都一起沖。洗完身子之後，我叫悅生寶寶幫忙把臉盆倒靠在小椅子上擺好，就可以手牽手到溫泉裡。

在大浴場裡，很忌諱小朋友亂跑，因為地濕又有水蒸氣，很容易滑倒，連帶推撞到別人。我和悅生寶寶在溫泉池子裡，找喜歡的角落坐下來，把小毛巾放頭上，靜靜地享受泡湯。

基本上，大家都避免目光眼神交會，欣賞窗外的藍天白雲、盆栽綠樹，眼睛千萬不可以亂瞄，就算是看到胸部很大的女生，也不可以誇獎說你身材真好。溫泉池一次不可以泡太久，因為溫度高的水加上波濤，會讓身體負荷過大，年紀稍長者的心臟會承受不住。我大概每泡五分鐘就跟悅生寶寶起來，因為小朋友大多坐不住，一泡久，就會把泡湯池當游泳池想要游來游去。

我最喜歡在泡完溫泉之後，穿上浴衣，和悅生寶寶去買一瓶玻璃瓶裝的牛奶，一邊喝一邊等男湯組的把拔和然然哥哥，不論是純牛奶，或是果汁、咖啡口味都好香醇，補充水分給流汗過的身體。泡過溫泉後，身體的老廢物質，一清而空，整個人覺得輕鬆起來。

♪在日本人家裡泡完澡要「蓋蓋子」

回想到我大學時候，第一次到日本朋友久美子家過夜。吃完飯後，久美子的媽媽很客氣的幫我放好洗澡水。我舒舒服服的泡完澡之後，便很勤快地把我泡過的整個浴缸水放掉。

我回到客廳和久美子說，「難得泡泡澡，真舒服，在台灣幾乎只有用蓮蓬頭沖澡，因為泡澡很浪費水。」

久美子說：「也還好啦，一家四口用一缸水還好啦，而且最後還會拿去洗衣服。」

我聽了嚇一跳，啥米？一家人全泡同一缸呀！洗澡水不是會冷掉嗎？

久美子說：「所以要蓋蓋子呀。浴缸旁邊有一個捲捲的蓋子，蓋上可以保持浴缸內水的溫度。」

我有點難為情的說，「可是我剛剛把水全放掉了耶。」

建議想體驗日本文化的讀者，旅行住民宿時，千萬不要很好心又雞婆，洗完澡把水統統放掉，那是要給所有人洗的；還有，泡完澡記得要把捲捲的蓋子蓋好喔。

♪ 珍惜水資源，用洗澡水洗衣服

我好奇的問久美子，怎麼用洗澡水洗衣服呢？久美子的家位在神戶的高級住區，怎麼還舀洗澡水洗衣服呢？原來這是大部分日本家庭的習慣，並不是只有久美子家。純日本製的洗衣機在操作功能表上，一定有「使用洗澡水」的選項，洗衣機也一定都放在室內，離浴缸很近的地方。

我現在每天晚上和悅然、悅生泡完澡後，他們兩個會很好心地用小網子，像撈金魚一樣地把髒東西撈出來。因為等一下要給常加班到半夜的把拔泡泡，消除疲勞。早上的時候，再用洗澡水洗衣服，方法很簡單，然然哥哥會幫忙把幫浦水管拉到浴室，放入浴缸，我只要多按一個「使用洗澡水」的鍵就OK了。後來，我幾乎每天都會用洗澡水洗衣服，兩兄弟喜歡拉水管看幫浦吸水，我也自我感覺良好，像是變成「賢慧的家庭主婦」了。養成習慣之後，有時去住飯店，還滿捨不得要放掉整缸的洗澡水。我希望然然和悅生能從小不浪費水，珍惜自然資源，當一個惜福的孩子。

People in Japan

日本的水費有多貴？

我剛到日本時，收到一萬二千日圓的水費帳單，我嚇了一大跳，仔細一看，原來是兩個月份，但台幣三千五百元也是很誇張呀！用洗澡水洗衣服都還要這麼貴，在日本生活還真是不省不行。

6. 養小孩的SOP I

我覺得日本是一個同質性很高的社會，養小孩其實也是非常的制式化，幾乎每個家庭從小用的東西都一樣。

然然剛出生那幾年，我們住在宿舍裡。剛搬去時，樓下的麻衣子媽媽常邀請我們去她家裡玩。有趣的是，有好幾組TAKARA TOMI玩具都是一樣的。放在小書櫃的繪本，從五味太郎、青色豆豆們的故事，便便的繪本，我們家也都有。這下子原本個性害羞，躲在我裙子後面的然然，探出小頭來，指著書說：「同じ（一樣的）。」

主人家的小姊姊拿出小花妹妹的娃娃，友善地招呼然然說：「巧虎的新玩具剛寄到，要不要一起玩？」

三點時，麻衣子媽媽把烤好的蘋果派拿出來，上面加一球香草冰淇淋，大家都吃得很開心。這就是日本所謂的「三時のおやつ（點心）」。

四點一到，小姊姊帶著然然一起到電視機前，他們家的小弟弟聽到聲音也爬過來，大家坐一排開始看NHK的「お母さんと一緒」。

因為這同質性高的SOP，不僅是對然然而言，對獨自一個人在異國養小孩的我來說，環境也會適應地比較快，輕易地融入日本當地的育兒生活。

♪大型嬰兒專門店

養育孩子需要很多東西，在日本很方便，只要到「赤ちゃん本舗」或是「西松屋」就對了。這是日本兩家最大的嬰兒幼童專門用品連鎖店，西松屋全日本有近八百家，常常可以看到分店，而且每家分店的商品擺設都一模一樣；像是我家附近的西松屋和飛兩個小時到北海道的西松屋，光在店內會分不清楚人在何方。其實這是西松屋社長的商業策略，認為應該**幫繁忙的媽媽們把事情簡單化**，不用推娃娃車，又拎個小孩，還要走來走去找不到東西。

我從懷孕開始，這些年來幾乎每周要去西松屋報到一次。賣場寬敞又舒適，常常可以發現新東西，從0歲嬰兒到10歲小孩的用品、孕婦用品、奶粉、尿布、衣服、書籍、玩具、食品應有盡有，且價格合理，非常方便，常讓我流連忘返；有必要時還可以得到育嬰的諮詢和協助。雖然不像台灣品牌眾多，但是不會有所顧慮。買得安心，用得放心。

♪品牌少，品質好

在日本居住這些年，我發現在日本養小孩，其實有很多方便的地方；因為許多大企業願意花相當可觀的資源，專注研究開發出最好、最新穎的產品。其實，在日本的嬰兒用品品牌不多，但都是我們很熟悉的，像是Pigeon、Combi、Aprica，這些公司旗下的產品不僅品質好，樣式也應有盡有。產品本身也常常有親切貼心的設計，讓我會心一笑，很佩服日本人的頭腦好，能想出這麼好的點子，讓身為媽媽的我，輕鬆安心不少。

♪ Made in Japan的品質保證

我回台灣之後，發現台灣朋友竟然從包包拿出Pigeon的溼紙巾。我問她，連濕紙巾也用日本製的，在台灣不是很貴嗎？她堅持說，要擦嘴巴還有小屁屁的，怎麼可以隨便。

說的也對，其實小寶寶的尿布，像妙兒舒或幫寶適，我也喜歡用純日本製的。因為中國製的有時會滲漏，想到要收拾寶寶便便漏出來的景象，我還寧願多花一點錢，選擇品質最好的。我很納悶，明明是同一個公司，技術材料應該一模一樣才對，為什麼品質還是有差異呢？

對身為父母的人，最高度關注的就是食安問題，畢竟食品安全直接和身體健康有關，一點都不能疏忽。我以前最喜歡台灣的便利商店，有五花八門各種不同的飲料，沒想到竟然爆發塑化劑事件。當時是二〇〇五年，我公公和婆婆以及所有的日本人並不知道中國有黑心食品。他們二位認為應該要對每個國家一視同仁，所以會買各國的東西，協助經濟成長之類的。我婆婆是善良單純的老百姓，覺得我說把過期月餅回收再製是天方夜譚，世界上不可能有這麼沒良心的人。直到最近幾年，經過假水餃、過期雞肉等事件，她採買給悅然和悅生的所有東西都是日本製，從食品、衣服、鞋子、鉛筆、棉被……統統都是「made in Japan」，變得比我還小心翼翼。

♪配方奶粉品牌少，買的人也少

除了尿布，奶粉也是嬰兒時期的購物重點之一。日本的電視廣告看不到可愛的嬰兒喝奶粉，因為配方奶廣告是被禁止的。日本的嬰兒幾乎喝的都是母奶，配方奶粉的品牌很少，一般只有明治、森永以及和光堂。美國惠氏大廠S26及外國品牌的幾乎看不到，也沒有較大嬰兒的成長麥片、米麩，或是嬰兒維他命。日本人，尤其是歐巴醬，堅持營養應該從自然食物中攝取。他們不僅是配方奶，連維他命都不容易接受。

♪小朋友的零食餅乾

嬰兒喜歡吃的零食餅乾，常見的也是固定的幾種廠牌，飲料的選擇也不多。歐巴醬買東西有「三無」，就是包裝上必須有「無添加」、「無香料」、「無著色劑」等字樣；這個堅持連悅生都耳濡目染。

有一次，我跟悅生在台灣的超市買東西，他一直想要買一包糖果，我實在找不到藉口說服他不可以，詞窮之際，翻到背面，跟他說，「你看，這上面寫有防腐劑耶！日本歐巴醬知道會昏倒。」

悅生一聽到馬上放回去，啊！「防腐剤、だめだめ（不行、不行）。」

People in Japan

綠色蔬菜種類少

我常覺得日本的料理人好厲害，煮出來的東西色香味俱全，什麼都好好吃。可是住在日本且身為主婦的我，其實每次到超市，左看右看都不知道要買什麼青菜，因為綠色蔬菜種類實在少的可憐，就是菠菜、青菜、小松菜三、四種。連台灣最常見的空心菜、地瓜葉都沒有。有一次在台北晶華請來台灣玩的日本友人吃飯，問她想吃什麼，日本友人竟然說想要吃吃看「番薯的葉子」。

7. 養小孩的SOP Ⅱ

♪大家都玩一樣的玩具

火柴盒小汽車トミカ（TOMICA）大概是所有小男生第一個著迷的玩具，悅然和悅生也不例外，出門帶一台，他們就可以咻來咻去很久。TOMICA厲害的是，完全遵照原車的設計縮小比例，一點都不馬虎，有很多大人也喜歡收集。

兩兄弟長得更大一點時，在把拔衷心期盼之下，開始組裝玩TAKARA TOMIプラレール（軌道電車PLARAIL）。因此，然然哥哥和悅生寶寶對日本各式新幹線、電車如數家珍。這些玩具模型忠於原設計，麻雀雖小，五臟俱全。進入了電車迷的世界，一踏進去之後，就沒有回頭路，我家這幾年都被這些玩具包圍淹沒。

我曾經在臉書PO一張我家客廳的照片，地上到處鋪滿藍色的軌道，可以讓各式各樣的新幹線往各個房間行駛。認識我的人都說好好喔，真想到我家玩。跟我很熟的人，就留言說：「天啊，妳家被淪陷了，好慘ㄛ。」完全看不出來以前標榜極簡主義、走時尚設計風、桌上擺琉璃、牆角擺大花瓶的我，怎麼會變成這樣呢！

我先生要負一半的責任，我叫他不要再買軌道、車站等各種零件了；不但我在家裡常被絆倒，路沒辦法好好走不說，要是兩兄弟將來變成秋葉原那些喜歡模型的宅男要怎麼辦？他一點也不以為意，非常地自豪說：「プラレール是創造力和想像力的訓練，培養空間和工程的概念，然然有當建築師的頭腦和潛力。」

的確，沒有理工科頭腦的我，沒辦法像他們父子拼出好幾層會轉圈的軌道設計，還可以上下坡，有分岔平交道。

我問然然，「真的嗎？你想當建築師啊？」他回答我說，「什麼是建築師？我想開新幹線或是山手線，不然公車也可以。」

我有時羨慕我先生，家裡買的玩具，都是他也想要的。對我來說，實在是一點感覺都沒有。小時候家裡不買給我的莉卡娃娃的家，到現在還是沒有緣分。有一年的聖誕節，到百貨公司幫悅然和悅生挑禮物時，我靈機一動，我何必怨嘆呢，我也可以買女生的玩具呀。但結帳時，我自己反而不好意思去付錢，推我先生去，他卻很此地無銀三百兩的說，「這個不是我太太要的，是要送人的喔。」

♪日本的玩具品牌少

為什麼日本玩具品牌這麼少呢？可能是基於安檢標準很嚴格，必須通過各種檢驗測試把關，沒辦法隨隨便便就生產製造。當然也會有一些像是台灣夜市裡擺的玩具，但是賣的地方不多，數量也少。**玩具是小朋友最親密的朋友，一天到晚，拿著、摸著，有時還會放進去嘴巴裡，要是有不安全的化學成分，的確會讓父母非常擔心**。我覺得日本政府在這方面還滿嚴格的為消費者把關，避免讓有安全顧慮的玩具到兒童的手裡。

♪訂一樣的雜誌

然然到了三、四歲學齡時，就開始和しまじろう做朋友了。しまじろう就是巧連智的巧虎，他是全日本小朋友最喜歡的偶像之一。我說不聽的時候，只要搬出巧虎，「可是，你記得嗎？巧虎有說吃飯前要洗手耶。」

然然就會說：「對耶。」立刻就乖乖聽話。

我這一個撇步，相信很多媽媽都有試過，而且屢試不爽。

我想起以前單身時在廣告公司上班，有一次要幫P&G做企劃案，產品是一款銷售成績一直沒法突破的殺菌洗手乳，主要對象是兒童。有一次提案決定要用巧虎，當時的我根本就不認識他，只覺得有必要付天價的使用版權費嗎？幾乎都快等於B咖女明星的價位了。我的日本同事Mai有兩個孩子，她悄悄地跟我說，「妳要趕快認識他比較好喔。」現在當了媽的我，總算知道巧虎在日本的厲害，影響力之深。

為了讓然然哥哥學中文，我訂過中文版的巧虎，每個月從台灣空運過來。我發現日文和中文版的製作水準有差異，尤其是DVD裡的人物。裡面的姊姊和小朋友的妝都化得好濃，動作誇張不太自然，聲音也有點做作，或許是因為配音，嘴型有時會對不好，看起來很滑稽。

♪看一樣的電視節目：嚴謹的選角，節目品質高

NHK幼兒節目裡的主持哥哥姊姊們的氣質也都好，動作自然，而且歌唱舞蹈的本領也是一流。「お母さんと一緒（與媽媽同樂）」是全日本最受歡迎的幼兒節目，幾乎有孩子的每個家庭，都會按時收看。左鄰右舍，樓上樓下，都

可以聽到電視聲，然然早上八點看一次，下午四點重播時又看一次。

我回台灣時，發現也可以同步收看。節目內容是為二到四歲小朋友量身訂做，非常生動有趣。節目中的哥哥姊姊們會配合這段年齡層的小朋友情緒表現、肢體動作、語言發展，有全方位的歌唱、韻律節奏、人偶劇和生活習慣、勞作等等。

NHK幼兒節目裡還會介紹一首句「俳句」。跟中文的唐詩不一樣的是，不說大道理，也不教忠教孝，只是吟唱四季萬物與風花雪月。我常常吃早餐或做晚飯時，也會跟著不自覺邊看邊哼。從NHK節目也可以隱約感受到日本的教養的觀念和想法，以及他們對孩子的期許。

節目中被暱稱「歌のおねぇさん、お兄さん」，是全日本國小小粉絲最愛的偶像，大多是畢業於音樂大學的氣質美女，具有深厚音樂背景。之前是寶塚紅牌，也是爸爸們療癒系的偶像；我家把拔也是粉絲之一。後來她被換掉的時候，我家把拔還不高興了一陣子，一直念念不忘說，還是以前的那位おねぇさん好。

為了維持良好形象，主持期間不能接其他的電視節目或演出。據說NHK有明文規定，只要有八卦新聞，就馬上炒魷魚。為的就是不讓小朋友眼中的純潔偶像，有任何一點負面的報導，會讓他們夢想幻滅。

每一任只可以當四到五年，跟市長一樣，不過不可以連任。日本人閒聊會問你小時候的「歌のおねえさん、お兄さん」是誰，就可知道大概的年齡。

有綜藝節目爆料，NHK選角的過程，競爭非常的激烈，聽說不能是大美女或是胸部太大。大美女會有距離感，要清純可愛，走氣質路線的。身材的限制是因為常常要唱唱跳跳，上上下下、搖來搖去會影響視線。真不愧是日本人，做節目這麼嚴謹，注重每一個小細節。

養育一個小孩是家庭、學校、社會三方面的責任。希望整個大環境，能給予我們消費者、視聽者有安心保障的選擇，讓每個跟我一樣帶孩子帶到已經「灰頭土臉」的爸媽輕鬆一點。

People in Japan

質重於量的日本電視台

日本電視台比台灣少很多，總共十二個左右。節目製作水準高，受到廣大群眾的歡迎。

很多台灣人或多或少都有自己喜歡的日本電視節目，像是日劇、料理節目或是房子大改造的居家設計節目。

台灣電視快一百台，我常常轉來轉去，卻老是找不到自己想看的，最後不是看電影，就是日劇。

我想質還是重於量的。

二、背書包上學去

你們終於長大要第一次離開家去上學了，
我知道接下來會面臨一連串的人生課題，
媽媽希望你們兩個自己一定要堅強勇敢。
跌倒了雙手拍拍站起來，又是雲淡風輕了。

8. 然然要上幼稚園了

終於到了然然要去保育所的年齡了，雖然暗自高興可以自由些，但是心裡還是萬般的不捨，有一百個心要擔。聽說我自己小班只上三天，因為哭了三天，所以後來就沒去了。

♪ 開學典禮的服裝儀容

然然哥哥「入學式」的那一天，他一大早很興奮地自己換上半年前就準備好的小西裝，藍色長襪和小皮鞋。我則五點就起來，準備要胭脂招展一下，光頭髮就吹了快一個小時。日本媽媽們有不太成文的裝扮規定：白色或深色香奈兒（風）的套裝，戴上胸花，配上珍珠項鍊；Ferragamo（風）的包包和鞋子，大家的標準入學款都很相似。

日本婆婆媽媽們多很有默契地選擇Ferragamo參加開學或畢業典禮，因為賢淑端莊又不會太招搖。幾年前（騙）拿到手，我用的就是這個藉口，「這包包鞋鞋好好看喔，好適合將來我們的孩子開學典禮。」我老公二話不說，笑咪咪地馬上拿卡出來刷。

日本的百貨公司每到三月櫻花盛開的時節，就會擺出許多正式高貴有氣質的套裝和胸花，為的就是讓這些媽媽們在孩子的人生重要階段，展現出最美麗的一刻。

日本入學式，家長幾乎全都會參加，爸爸向公司請假也是理所當然的；只要請假事由是「我孩子的保育所入學典禮」，幾乎沒有不准假；就像是說「我今天要嫁女兒」一樣，沒有人會說話，不行的話，應該可以去勞保局申訴。

這是難得爸爸媽媽一家全員到齊的場合，照片可得要多拍幾張；二十多年後的將來，孩子的結婚典禮上，一定會放這一張新郎三歲時可愛的入學模樣。

♪簡單隆重的開學典禮

典禮正式一開始，所長慈祥地一個一個唱名，新生小小朋友便有精神的應答：「はい。」

聽到孩子們純真清脆的聲音，我的情緒就已經醞釀到一半。然然聚精會神地聽自己的名字，一聽到「中野屋悅然」，馬上奮力地、直直地舉起小手，大聲的回答「はい！」

我的眼眶淚水直打轉，覺得很幸福欣慰。看到從出生後就沒和家人分開過的孩子，才三歲就要自己一個人去學校生活，那勇敢努力的樣子，真令人佩服。我偷偷瞄一下隔壁左右，發現，哇，整排都哭了！媽媽們都緊握手帕，臉頰濕潤，面帶微笑；爸爸們則因為強忍淚水，表情顯得有點兒扭曲。

♪保育所的上課情形

保育所沒有制服，只有一頂可愛的雙色帽子，依年齡班別分顏色。日本幼稚園和小學生在操場玩時，規定必須戴帽子，除了遮陽防雨之外，還有基於安全考量，可明顯的知道哪裡有小朋友，丟球時也不會打到頭。

早上一進教室，孩子們就要脫鞋子，換上室內鞋，再掛好帽子，拿出包包裡的小飯盒、水杯、擦手毛巾和乾淨的換洗衣服，放到教室裡一格一格貼有自己名字的小櫃子中。木造校舍雖然古老，但非常乾淨，一塵不染，光線通風良好。

♪孩子真正需要的「簡單快樂」

我在看著這舊房子的保育所，這群開心的孩子時，突然領悟到，也許回到人性的原點，小孩真正需要的是簡單快樂的事。只要畫畫圖、聽聽故事、摺紙、玩沙堆、曬曬太陽、跑一跑，或看看花花草草裡的小昆蟲，無憂無慮的度過童年。在乾淨安全的環境中，身旁引導的老師個個穿著圍裙，親切有活力，有耐心，不大聲斥責，不給孩子過大的壓力，是這群孩子開心的因素。

後來，我把孩子帶回台灣念書，我參觀過不少名門幼稚園，實地了解各大學派的專業理念。我當時暗自竊喜的是，日本雖然沒有像台灣這麼流行標榜專業幼稚園，但是各個學派所倡導的教育理念和原則，我幾乎都曾在日本家旁邊的這所公立普通保育所看到，而且是綜合版的。

♪學習生活基本技能

日本保育所認為孩子開始上學的目的就是，首先要學會生活中和在家裡需要的技能。然然的導師大島老師個性開朗，很強調小朋友要親自動手，像是擰乾抹布、洗杯子、自己倒水喝、吃飯用筷子。

教室的角落沒有塑膠玩具，但每天有大量的閱讀說故事時間，多樣化的混齡遊戲活動。上課沒有分科指導，因為是公立的保育所，政府規定不拿筆寫字，不過藉由畫畫來訓練小肌肉。

作美勞時也不用萬用包，從零開始，取材於自然，像是銀杏的葉子、紫陽花瓣、小石頭。這讓然然大顯身手，他從小就是喜歡一邊走路一邊撿樹葉、小花、松果的孩子，家裡有一罐罐他撿來的小栗子，或是取材要回收的資源用品，像是寶特瓶蓋子的樂器、牛奶紙盒的機器人、餅乾盒子的彈珠玩具。

炎熱的夏天一到，小朋友一起在戲水池裡玩水。這是在日本最一般普通的公立保育所，沒有冠上專業大名字，但處處從小朋友的觀點出發，用自然融入的方式，讓然然天天都很想趕快去上學，連周末散步時，他也說想繞去保育所看看。

♪ 妥善規劃、方便的學區環境

然然念的這所保育所走自由學派風，名字很好聽，叫做「竹園」，自然人文環境很優越。春天的時候，我最喜歡和然然走在整排行道樹的櫻花樹下，帽子、肩上常常會有掉下來的粉紅花瓣。

我家附近是研究機構的宿舍，從我家到保育所走路一分鐘就到了。保育所右邊是小學，左邊是兒童館和文化館。小學生放學可以直接去兒童館。兒童館就是公立的安親班課後輔導，日本的小學附近，很少看到有安親班。小學的隔壁是種滿垂柳櫻花的公園，旁邊有網球場。

然然保育所後面是購物中心，我有時候先去銀行領錢，到郵局寄東西之後，再去接然然，一起去買剛出爐的麵包和咖啡，坐在公園的椅子上吃完，再去超市買晚上要煮的菜。最安心舒適的是，整個區域都規劃的相當周到，而且車子禁止進入，然然上了小學之後都和朋友自由地騎單車，非常安全。小馬路的對面就是國中，和全市最好的高中。我想這地段學區這麼好，生活機能佳，台灣人一定最喜歡這樣的房地產。

悅生三歲開始上日僑幼稚園。

悅生六歲畢業於光復幼兒園。

畢業生代表蔡悅生。合影的紀校長是我小學五年級的實習老師。

♪要上學的人不是媽媽

悅生中班的時候回台灣。我左探聽右訪查，最後決定讓他去念一所有名的私立幼稚園。我自己非常喜歡校舍的建築，走自然風格，強調人本，老師也很有理念。

可是開始上學之後，悅生顯得很不開心，直說不想去上學。我以為是剛搬回台灣的關係，為了營造他能愉快去上學的心情，每天早上我都帶著他去摩斯漢堡喝蒟蒻果汁、或到麥當勞吃兒童早餐拿玩具、有時到Starbucks吃鬆餅或是紐約起司蛋糕；結果都一樣，每天早上都在幼稚園門口上演拉鋸戰，我只好放棄好不容易排到的名額。

爸爸說：「沒關係。上學的是悅生，尊重他的意見吧。也許學校風格太時尚，像天祥的晶英酒店，我們大人覺得很棒，可是小孩不見得喜歡。吃飯不也是一樣，小朋友喜歡去杯子、盤子都是塑膠的、熱鬧的親子餐廳，大人偏好杯子會打破的高檔餐廳、或是暗暗的居酒屋。」

最後換到我娘家附近，然然哥哥上的光復小學附屬幼稚園，當了我的小小學弟。神奇的事發生了，從此之後，悅生天天都很乖又高高興興地走路去上學，還當了畢業生代表。我想，或許是爸爸說得對，上學的本人開心最重要吧。讓孩子念自己的母校，其實心裡多了一份感動。

我問悅生，為什麼不喜歡之前的幼稚園，他也說不出個所以然來，只是很冠冕堂皇地說，「嗯，因為小學操場比較大ㄚ。」

就像然然哥哥喜歡日本的保育所一樣，對悅生來說，他最需要的是平穩扎實、簡單快樂。**看到他們兩兄弟都很高高興興的去上學，開開心心的回來，我就很滿足了。**

♪日本的育嬰福利制度

我生完悅然之後，放了幾乎快二年的假。回到廣告公司不久，懷了悅生，接著又開始請產假和育嬰假。日本的福利制度很好，所以那幾年，我幾乎都拿日本政府津貼薪水過日子，又可以常常回台灣，拿日幣花台幣，覺得非常愉快。

日本有很多媽媽，不得不請育嬰假的原因是，孩子排不進去保育所，白天找不到人幫忙帶孩子，所以回不去職場。日本媽媽一定很羨慕台灣滿街都是幼稚園、安親班、還有保母、或是願意幫忙帶孫子的阿公阿嬤吧。

♪「幼稚園」和「保育所」大不同

日本分幼稚園和保育所。保育所必須是父母雙方都在工作的人，才可以申請，從0歲就可以進去。我因為有工作的關係，可以去申請全天照顧的「保育所」，但是也苦苦排隊等了八個月。

保育的時間，從早上七點到下午七點左右。公立幼稚園則是從八點半到中午吃完飯，下午兩點左右就回家了。

我聽說保育所和幼稚園的家長也不太一樣。保育所的媽媽們白天要工作，很多事情比較大而化之，不會太拘泥於小細節。幼稚園的媽媽都是家庭主婦，所以比較講求完美細節，便當袋、室內鞋帶、漱口杯袋，全部都是自己手工縫的。知道這些之後，我不禁慶幸：好險，我有工作。

公立幼稚園大部分都是兩年制的，我很多朋友，雖然是家庭主婦，白天沒上班，但為了想提早一年把小孩送去小班念書，只好選擇私立幼稚園。不過，日本大多數的家長還是偏好公立幼稚園，認為比較安心有保障。

日本保育所的缺點就是名額太少，有太多小朋友進不去，讓媽媽焦心等候沒辦法回職場上班。據統計，二〇一三年有兩萬多名的「待機兒童」，二〇一二年之前還曾經有四萬多名。解決消化這些待機兒童，是日本政府這幾年施政重點之一。

People in Japan

保育所和幼稚園的執照不同

日本「保育所」和「幼稚園」老師的執照不一樣，保育所因為要照顧0歲開始的小朋友，需要保育士執照；幼稚園老師則是一般教師執照。

9. 恭喜恭喜，背書包上小學了

♪日式書包　ランドセル

在日本，要上小學是一件人生大事，非常值得慶賀的事。尤其是歐記醬、歐巴醬（爺爺奶奶和外公外婆）們，更是開心的不得了。上小學要準備的東西非常多，最重要的就是書包，日文叫做ランドセル。從明治時代開始，大約有一百年年的歷史。最近好萊塢美國有一位女星被拍到背紅色的日式書包，不知道她曉不曉得自己背的是小學生上學用的書包。日式書包大部分的都是手工製造，純牛皮製作，質感好，背起來也很舒服，也難怪好萊塢明星喜歡。

我注意到女明星另外一手上，拿的是一個黑色的香奈兒手拿包，放的很可能是隨手馬上可以拿出來的行動電話和鑰匙，我會心一笑，因為日式書包要拿東西不方便，扣鈕在下方，必須整面翻開才能拿東西，所以女明星手上才需要多拿一個小包包。

♪要背誰買的書包？

上小一，買書包這件事意義重大，**對日本人來說，那不只是一個書包，因為要用整整小學六年，是一個類似嫁妝的象徵**。很多日本家庭的祖父和外公兩邊都會搶者買，我還聽說有不少為此鬧得不愉快的例子，因為雙方都希望金孫背的是自己買的書包。市場也洞悉了消費者的心思，也知道這些歐記醬、歐巴醬花錢不手軟，要買最好的；於是廠商推出一款又一款，越來越高級，越來越貴的書包，一個大概要六萬日幣左右。好的日式書包標榜符合人體工學，背上學不會累，能隨孩子體格增長的調節功能，耐久性高，可以用六年。

♪受歡迎的款式

很慶幸，我們家沒有這個問題，因為台灣外婆不知道要搶著買這回事。日本的歐巴醬尊重地問我，想讓然然背什麼顏色的書包？我想這個選擇應該留給背的人吧。於是我問了然然哥哥，他說，「黑色好了。」真是傳統的孩子。從古早起，男生黑色，女生紅色是「定番」。不過最近有許多嶄新的顏色選擇，像是咖啡色、粉紅色等等，不過根據二〇一三全國調查，有六成以上的男生選擇黑色，二成選擇深藍色。女生四成選粉紅色，三成選紅色。

我記得我小時候，在台中第二市場裡面的委託行，看過一個日式書包一直擺在櫥窗裡；小學隔壁班的周同學背的也是紅色日式書包。雖然當時沒有仔細的摸一摸，但是我覺得樣式和然然哥哥的幾乎沒什麼改變，和我三十年前的印象是一樣的。

♪書包的往事

我婆婆找到一張我先生小學一年級新生入學時，背著書包在相館拍的一張沙龍照。我跟我老公說，你的書包跟然然的一樣是黑色耶。我先生說，「那是舊的，是我哥哥的書包。」

我先生其實有一個他自己也未曾謀面的哥哥，據說長得好可愛，個性活潑開朗。幼稚園的時候，就有五個女生跑去跟我婆婆說，「Shingo君說要跟我結婚。」還拿出自製的小戒指。但是，在一年級新生入學第十三天，歡歡喜喜背著新書包要去上學時，就在家門口被一輛車撞死了。

我很佩服我公公婆婆，能在這人生最痛的創傷中，重新面對生活，而且保持樂觀，雖然從此對孩子有些擔心過頭的地方。

夏天回北海道老家時，看到牌位前放著四十五年前來不及長大的哥哥用的鉛筆盒、玩具火車和一個棒球，我按捺不住內心激動，眼淚不停地流下來。換作是我遇到這樣的悲痛，我大概無法承受。

把拔小學一年級，
照相館拍的入學沙龍照。

然然小學一年級，
等校車時的上學想睡照。

悅然和悅生看到牌位前有玩具要拿，我跟他們說，「不可以，那是你們伯父的，他是爸爸的哥哥。」

他們說，「那我把玩具借他，交換玩。」於是兩兄弟便很大方地把車子、飛機、運動金牌、玩沙的鏟子，統統都放到牌位前。

我在心裡對這位來不及見面的Shingo哥哥說，他來不及背完六年的ランドセル，他的弟弟已經幫他背完了。剩下未完成的夢想和來不及長大的人生，就讓這兩個小侄子幫他完成吧！希望能保佑他們健康快樂的長大。

♪ Shingo的牽牛花

Shingo當初在幼稚園畢業時親手種的「朝顏（牽牛花）」，在我公公婆婆細心喝護下，度過了近四十個嚴冬，到現在還是在早上準時綻開花朵；並且分枝種在東京我家和許多親戚家。

我記得悅生寶寶第一次看到我們把這株牽牛花種在陽台，沒說什麼話，但每天傍晚一到，他就會提小水壺去幫朝顏澆水。他說，「我怕花會口渴啊。」

我想對我公公婆婆來說，孩子新生一年級是值得紀念的日子，失去年幼的兒子，大概是一生中最無法彌補的遺憾，看到家中有一年級的孫子，心中應該是百味雜陳吧。人生中又有一次買ランドセル，也許心裡會浮現一些難受的回憶，但是誰也沒開口說出來。我感受到兩個老人家慶幸生命的代代相傳、衍衍不息，新的希望就像Shingo在庭院種下的牽牛花，一朵接著一朵，盛開綻放在不變的藍天青空下。

看到牌位前Shingo穿著制服，戴著帽子，背著ランドセル的照片，**我突然頓悟透徹人生某些意涵，Shingo短暫存在的小小生命，對我來說意義重大**，其實沒必要為教育問題煩惱太多，很多事不需要太在意，能看到悅然和悅生健康快樂的長大，就已經是最大的幸福。

People in Japan

「牽牛花」中文聽起來可愛親切，但缺少了點文藝氣息。日文的名字很美，叫「朝顏（asagao）」，意思是清晨的容顏，因為會在每天早上綻放美麗的花朵。

10. 一年級要準備的事

♪歐記醬的叮嚀

三年的幼稚園歡樂時光很快地結束，然然哥哥要上小學一年級了。他本人和不是自己要去念書的悅生都很興奮，當媽的我則緊張的情緒大於興奮。歐巴醬一碰到這個話題，就開始回憶感慨，講當年她兒子有多乖、多聰明的陳年往事。這位「兒子」則是在旁附和說，「そうだよ！對呀、對呀。」

哼，我才不相信當時那麼小，事情細節怎麼會記得那麼清楚。

慈祥的日本歐記醬則是照三餐不停囑咐，「書不用念沒關係，晚上八點就睡比較好。」對歐記醬來說，開始上小學唯一要做的事，就是早睡早起，每天吃完早餐去學校。

日本學制的開學日都在四月，從然然上大班起，老師就會很慎重的告訴每位小朋友說，「從今天起，你們是這個幼稚園最大的哥哥姊姊，要照顧比自己小的朋友，而且很快就要上一年級了，所有的事情都要會自己做喔！」

第一件事，就是要會自己穿換衣服、穿鞋子。

到了十月秋天時，信箱裡收到上面寫著「中野屋悅然」正式的入學通知，通知我們去「就学検診」。在暑假時，我們已經幫然然買好了書包、三件式的小西裝和皮鞋。我當然也趁機小小血拚一番。我先生暗示地說他西裝褲破了，我說沒關係，「換別件就好了，上下不用一套也OK。」

除了入學用品，生活及功課方面也有需要準備的事項。根據巧虎網站，到年底之前，然然要學會看時鐘；也要開始早睡早起，配合小學生的作息。還要訓練然然能夠自己在二十分鐘之內把飯吃完。我設定手機，晚上八點鬧鐘一響，然然就要去刷牙、換睡衣。剛開始三催四請、拖拖拉拉的，於是我白天就讓他們在外面跑一跑，像是跑兩圈操場，幾天後兩兄弟就習慣了，很快就呼呼大睡。

♪入學要準備好多東西

過完年，二月時，我去參加小學的新生說明會，告知家長注意事項和上學要準備的東西。雖然我在中小學任教過幾年，但是我自己沒在日本上過小學，真把我考到了。除了書包、鉛筆盒（不能用鐵製的，會很吵有聲音），還有室內鞋、體育館的運動鞋，兩條抹布（寫上一條是桌子用的，一條是擦地的）。紅白帽、口風琴等。日本小學的音樂課，從一年級就要會彈鍵盤樂器，從三年級開始學直笛。

還要準備一個可以直接放進抽屜的A4大小「道具箱」，裡面要有剪刀、膠水、膠帶、釘書機、クーピー（Kupi）。我聽了有點霧煞煞，要準備的東西也太多了吧。我問什麼是Kupi，副校長愣了一下，很客氣地跟我說，「妳去買就有了，大家都知道的。」原來，台灣小朋友常用的那種彩色筆，日本學生很少用。大部分都用Kupi，它介於蠟筆和色鉛筆之間，筆芯不容易斷，英文叫Colored Plastic Pencil。

一套白襯衫、黑褲子的正式服裝、黑或藍的泳褲、蛙鏡、運動衣、日本的浴衣、腰帶、夾腳涼鞋、跳繩、2B～4B六角鉛筆、紅色鉛筆、水彩用具、算數卡、10格筆記本……有的我連聽都沒聽過。不過還好趁開學前回到日本，在購物中心AEON有新生入學專櫃，很有效率地就能把所有的東西都買齊全了。

♪校規：不能吃零食

然然哥哥上小學一年級之前，我最擔心的是，小學已經沒有像幼稚園一樣有點心時間。七點吃早餐，到中午十二點半才吃午餐，然然的肚子會不會餓？沒想到，爸爸竟然很冷血地說，「那就忍耐吧，這才是男子漢。」

日本所有學校都沒有所謂的福利社。學生不可以帶錢，也不可以帶餅乾之類的零食去上學。不過，現在台灣的小學裡也沒有福利社了。我上次回到母校光復國小，看到熟悉的福利社小角落已經變成放樂器的地方。的確有些零食對小朋友的身體並不好，也會影響中午吃不下飯，但是福利社的存在還是很令人懷念。

♪ 懷念的福利社

我記得小時候的福利社，賣好多零食、餅乾、飲料，像真魷味（包裝上畫一隻好笑的魷魚）、鹹酥餅（綠色亮亮的包裝）之類一包五元的零食。雖然排隊買有點不好意思，但是買了和同學一起分享，一邊聊天，覺得開心極了。國中福利社裡賣的紅茶（奶茶）口味寶寶冰、黑輪、米血、魚板。高中時，中午去福利社買便當，順便期待一下心儀的男生會不會也剛好經過。

所有的點滴，都有好多回憶。在日本長大的爸爸，沒有念過有福利社的學校，只能聽我說得津津有味，這是他沒有機會體驗到的台式童年生活。

11. 一年級的新鮮人

♪重視體育課

日本學校的功課表和台灣差不多，國語（日語）、算數、體育、圖工（畫圖和勞作）、生活、音樂、書寫、道德、學活（班級活動）。不一樣的是，體育課佔的比例很重，一周有三節課。基本的五十公尺賽跑、接力之外，還要會吊單槓。因為之前有聽說，所以在幼稚園時，然然就常常和爸爸練習。室內地板運動要會前滾翻、後滾翻，還有然然最喜歡的跳箱子。

夏天的游泳課更是重點教學，不過然然班上一年級的小朋友，幾乎有一半已經會游自由式二十五公尺。

六～十月之間，然然每周上三次游泳課，低年級的同學都一起上課，依程度分四組，程度好的同學開始學蝶式。

上游泳課那天早上，我必須要在家裡幫然然量好體溫，登記在游泳卡上；若無異常，蓋上家長同意章，這樣他當天才可以上游泳課。校方非常堅持，即使孩子體溫正常，健康情形良好，家長沒蓋同意章，也不能上游泳課，而且沒有通融的餘地。

游泳課雖然很密集，並不會強迫或給孩子壓力，只是要讓小朋友不怕水，喜歡游泳。學校在安全上考量周延，每次上課不到五十個小朋友，但有包括護士等六位老師在現場指導，陣仗很大，讓家長們也都很安心。

♪ 幾乎每個日本人都會游泳

日本從很早以前，就很重視游泳技能，所以很多日本同事聽到我游泳不會換氣都嚇一跳，「你們台灣不是島國，四面環海嗎？」他們認為每個台灣人都是游泳高手。

光復國小的校長告訴我，台灣的小學，只要校園裡有游泳池的，應該就是日據時代日本人蓋的小學。我先生小時候念的小學在北海道旭川，冬天零下四十度，夏天只有短短的一、二個月而已，校園裡也是有一個標準二十五公尺的游泳池。

♪ 攸關性命的「着衣水泳」

然然的游泳課還會學「着衣水泳」，照字面的意思，就是穿長袖、長褲游泳。最近NHK等日本節目都特別介紹，因為真正不幸溺水的時候，一般衣服落水是很重往下沉的感覺，和游泳衣不一樣。所以上課老師會叮嚀，不可以脫掉鞋子，因為鞋子有像浮板一樣的功用。溺水時最好的辦法，就是保持鎮靜，讓自己浮著，等救援就好，不要浪費無謂的體力游回去。

台灣似乎很少上「着衣水泳」，其實這是攸關生命，相當重要的體驗和知識。在歐美國家，像英國、荷蘭等有很多河川，家長都訓練小朋友「穿衣服游泳」，比會游自由式二十五公尺還重視。

♪回家作業少

我回台灣，在美容院洗頭髮時，最常聽到隔壁的媽媽說，「昨晚小孩的作業給我寫到十一點，唉、才小學一年級。寫到最後一邊打瞌睡流口水，一邊寫。」

我聽了都不敢作聲，因為然然的作業非常少，不用花很多時間他就可以寫完了。主要是國語（日語）或是算數。國語作業一張沒幾行字，數學也是十題左右而已。日本一般認為念書的時間是，學年加十分鐘。也就是說，一年級二十分鐘，二年級三十分鐘，以此類推。

♪「朗讀」卡

然然的老師規定班上同學每天都要大聲朗讀念課文，然後登記自己總共念幾遍。然然才一年級，文章長度就有三～四頁左右，不算短文。但因為日本用五十音假名，只要學會假名就有辦法閱讀長篇文章，不像中文需要花很多時間認識新的漢字。二年級的課本還收錄了長達十八頁的「黃色的水桶」。敘述一隻可愛的小狐狸和黃水桶的故事，很引人入勝，故事雖然長，但然然哥哥很入迷，能輕鬆一口氣讀完。

日本國語課的重點，強調**對課文內容的理解和思考，能用豐富的語彙表達自己的感想**。

♪一年級還不用參加的「漢字十級檢定」

四月入學時，學校就發了一張報名表，詢問然然要不要參加日語漢字檢定十級的單子。我想既然是學校發的單子，應該就是所有的一年級都必須參加，於是就爽快的報名了。

考試的日期在六月，到了快五月時，想說來準備一下好了，便請我先生從日本帶十級的模擬測驗回來。一翻才發現，考的是一年級學的八十個漢字。我很納悶，才開學不到二個月，考全部也太狠了吧。於是問了一下導師，佐藤老師笑咪咪的跟我說，「一年級只有悅然君報名參加，連二年級也只有少數同學參加。」

「啊！」

「讓悅然君試試看不錯啊。」佐藤老師說。

我想是我自己腦袋糊塗了，不過既然都報名了，那就考吧！看到旁邊幾位日本媽媽一副「妳真是搞不清楚狀況的表情」，更是燃起了我的鬥志，哪有放棄不考的道理；而且既然考了，就要過。

日本的漢字考試，不是只測驗是否會寫而已，筆順要完全正確，例如，有一大題會考，「車」最下面那一橫是第幾劃？（答案是6）還有類似中文破音字，一個字有音讀和訓讀兩種以上念法。

我很誠實的跟然然說，「是媽媽搞錯了，但是我覺得然然應該會合格，而且可以比其他小朋友先認識很多字喔，要不要試試看？」看他沒反應，再補一句「那考試通過的話，就買那組樂高房子？」總算激起了他戰鬥力。

因為我自己理虧，所以準備過程中從沒發過脾氣，每天按部就班的陪他練習寫測驗。我非常和善地跟然然說，「考過超酷的，沒考過也沒關係。」同時，在心裡跟我自己說，「一定要過。」

當天，佐藤老師接到日本寄來的成績單，馬上打電話給我，我請她直接開封告訴我結果。我們兩人同時高興的歡呼起來，十級順利通過了。這應該歸功於然然哥哥的榮譽心、上進心和我不停地給他信心（以及樂高玩具）。佐藤老師說，雖然這不是一年級要學會的事，不過她以後會多多鼓勵一年級的小朋友挑戰。

♪台灣國語課本

然然哥哥回台灣念小學二年級的時候，我稍微比較一下課本，一年上下冊共三十二課，日本只有二十課。小學六年期間，日本要學常用漢字一千個字，而台灣要求二千二百字。由於要學的字太多了，台灣只能教完生字、造詞、寫習作，就必須趕緊教下一課。老師教的辛苦，學生也學得好吃力，更沒有時間好好地仔細去探討課文內容。

然然的導師何老師說，他從

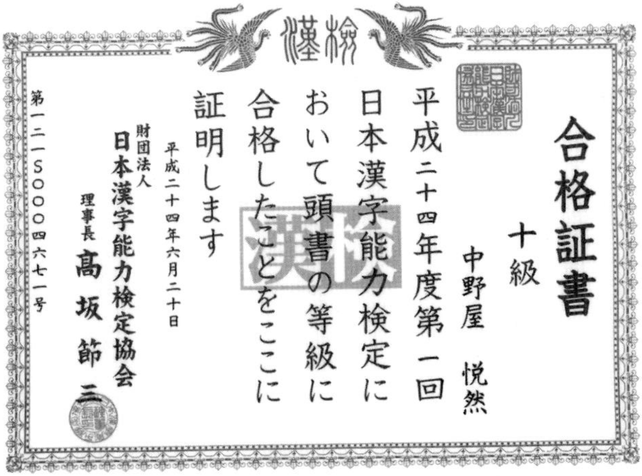

漢検

合格証書

十級

中野屋　悦然

平成二十四年度第一回
日本漢字能力検定に
おいて頭書の等級に
合格したことをここに
証明します

平成二十四年六月二十日

財団法人
日本漢字能力検定協会
理事長　高坂節三

第一二一S〇〇〇四六七一号

悦然的漢字檢定合格證書

二年級插班進來念，還能跟的上進度，月考可以將近滿分，真是很值得嘉獎。

我在想，台灣常用的字有需要到二千二百個字嗎？這些有急著要在小學六年間，全部塞進去孩子們小小的腦袋嗎？假如能留一些到國中，減少念文言文的時間，不要囫圇吞棗的閱讀，多一點思考的空間，說不定中文的素質涵養會提升更多。

12. 爸爸媽媽一起上學 I

♪ 來自日本各地的學生和教師

日本跟台灣一樣，依居住地而有所謂的所屬學區，所以同校的孩子們大都住附近，同一個公園一起玩大的。然然一年級念的是在台灣的日本人學校，同學來自日本各地，有北海道、東京、大阪、九州等，老師也全部是日本教育部嚴格從日本各地徵選的優秀教師。所以然然在學校裡，有時可以聽到各地的方言，了解日本各地不同的風俗習慣。

♪囝仔很忙，媽媽很忙

大家安慰我說，小孩上小學後，媽媽就會很閒很輕鬆。可是，我怎麼覺得比以前有更多的事要忙？撇開功課不談，光參加學校的活動，我就應接不暇；除了運動會、開學典禮、畢業典禮之外，還有教學參觀、個人面談、音樂朝會、藝術鑑賞、義賣會、遠足、游泳大會、馬拉松紀錄賽、手工麻糬製作、秋天祭典、成果發表會。加上悅生念的日本幼稚園節目也很多，所以每個周末，我不是去然然的學校，就是參加悅生幼稚園的活動。行程排得非常緊湊，幾乎跟B咖明星差不多。

尤其每位日本媽媽都會打扮得整整齊齊的出席；我去學校當然不能蓬頭垢面，幾乎每隔兩、三天就要去美容院整理頭髮、修指甲；後來我學到了一個妙招，乾脆眼睛去接假睫毛，即使來不及化妝，也不會太難看。要掌聲鼓勵的是，我們家的把拔也幾乎都會從日本飛過來參加這些活動，真是標準的空中飛人，把國際線當國內線坐。

♪ PTA主導活動學校

日本的教育概念是強調學校、家庭、社會三個環節緊緊相扣的，所以家長和學校要密切地配合。PTA（Partent Teacher Association，日語的家長會）沒有硬性規定，但是每個活動家長的出席率將近95%，也就是說幾乎每一個小朋友的媽媽都會到，除非人不在國內或是生病，否則沒有不參加的理由。

學校活動這麼多，老師們當然沒有辦法主導全部活動，所以由家長會來扮演關鍵的腳色，動員所有家長，策畫、主辦、執行許多活動。日本太太們這麼熱心參與的原因，也許是因為先生被派遣駐台，人生地不熟，生活圈比較小，每位都是閒閒美代子。

小朋友上小學後，對媽媽們來說也是一個新的學習經驗，必須很圓滑地處理媽媽們之間微妙的人際關係，有效安排自己的時間，才不會被生活壓力壓得喘不過氣。

♪每位媽媽都要負責一樣活動

每個學年在四月初開始，班上的媽媽們就會有一次餐會，這個「鴻門宴」就是要決定這學期誰要負責哪一項活動。每項活動每班都有四、五位家長，連中學部家長，一項大概有三十人，主導的是高年級的家長。所以同組媽媽合不合的來也是關鍵。一年級的時候，我選擇了麻糬大會，預定在半年後，也就是十二月，應算是第二學期的活動了。

我填完單交出去時，班上活動總負責的日本媽媽特地把我叫住，面無表情地說，「妳確定十二月還在台灣？老公不會突然調職之類的嗎？要是活動之前妳就回日本了怎麼辦？妳倒是說說看，到時要如何負責？」我微笑回答她說，「我先生現在已經住在日本了。」

我很少碰到這樣的日本人，真是杞人憂天，而且是沒有禮貌的杞國人。結果，升上二年級，是她老公突然被調回日本了。臨走前，我倒是忘了問她要怎麼跟我們「負責」。

♪照顧在異鄉的日本媽媽

然然在台灣念書的時候，學校的事我都盡量幫忙，因為我是在地人。我自己在美國和日本住了十多年，能夠了解住在外國的苦處，體會她們的辛苦。我自己在日本，受到周圍數不清的日本人親切幫忙，現在輪到我照顧外國人：我盡量學著放寬心胸，不去在意小細節，常常和她們分享台灣好吃好玩的地方，或是開車帶她們去喝茶或到郊外走走，希望大家都能很開心的在台灣生活，享受台灣有趣特別的地方，這也是另類的國民外交吧。

♪授業參觀

一年級開學後的兩個禮拜，然然學校就有第一次的教學參觀日和家長大會。大學主修體育的女導師很大方地說，請家長不用待在走廊，直接到教室後面，順便參觀作品。

第一次看到然然正經八百地坐在自己的書桌和座位前，三不五時的偷瞄一下我，靦腆的笑一下，又趕快轉頭回去。

班上同學因為媽媽們在一旁看，所以大家面容有些緊張。

日僑學校的教室沒有門，所以可以順便參觀隔壁二年級和三年級的上課情形。比起一年級新生羞澀的樣子，二、三年級的孩子們就比較老神在在。

老師跟我說，「悅然君很乖，但是中午休息時間，都待在教室沒有跟小朋友玩。」

我跟老師說，「若是他跟同學間相處沒問題，那也不用勉強他。」

回家後，我問然然說，「你下課在做什麼呀？」

他說，「我都在想媽媽現在在做什麼？那媽媽妳今天在家做什麼？」

望著他溫柔純真的眼神，我很難直說，「呼呼大睡。」修飾了一下語氣說，「我一邊躺著一邊想然然在做什麼，一不小心就睡著了。」

數學教學參觀時，老師計時算加法。

「老師，我算完了。」

♪慈善義賣會

然然二年級時，我負責慈善義賣的活動。活動在端午節過後，大約六月底，學校希望每位家長至少能捐出三樣，近全新沒用過的東西。我負責在活動前到學校清點碗盤、杯子、茶具類的物品，並擺設在分類好的各個區域。

幾乎每個家庭的媽媽都捐一大箱東西，像是鍋碗瓢盆、衣服、玩具、文具，幾乎每個家庭都會有買了之後卻都沒用過的東西，因此大家都非常樂意趁義賣會時，拿到學校做善事。

因為東西多是日本製的，雖然舊了點，但是很便宜，狀況又不錯，所以有很多人聞風而來想挖寶，連二手業者都會來蒐購。

慈善義賣當天，我和悅然、悅生一起到學校，發現早已人山人海，學校還專門請人搭起像喝喜酒帳篷，擺起長長的板凳和電風扇，提供大家休息。有日商百貨公司、日式餅乾蛋糕店贊助特價商品，共襄盛舉。活動現場有吃有喝有玩，熱鬧非凡。

♪ 然然第一次血拚

我給悅然哥哥台幣五十元，讓他跟同學自己逛，可以買他想買的東西。他非常的興奮，因為這是他第一次自己有錢去買東西，而且完全不用被干涉。後來他買了鉛筆、筆記本，還有兩台小玩具車，和一個小胸針送給我。最後想買飲料沒有錢了，我很大方的請他喝。

學校舉辦這個義賣會的另一個目的，其實也是**提供一個機會和場所，讓孩子們練習自己買東西，養成對金錢的觀念**，讓他們知道手上的錢，其實很容易一下子就花光了。所以然然哥哥還想到買東西送給我，我覺得特別的溫馨。他也比平常更感謝我買飲料給他喝。

♪ 媽媽清潔工

學校每年暑假九月開學前，都會問有沒有家長要自願去打掃教室；五月，游泳課開始前，也會請家長去打掃游泳池。雖然說是自願，不過幾乎大家都會到。日本媽媽穿起圍裙，包起頭巾，戴上手套，擦擦洗洗，把教室每個角落和紗窗、窗戶都清理的一塵不染，連窗簷都要用棉花棒仔細清理乾淨，像過年大掃除一樣的除舊佈新。

媽媽到學校打掃有象徵性意義：發揮愛校精神，把學校當成一部分，提供最乾淨整潔的教室環境，給自己的孩子讀書。讓孩子看到，媽媽很認真地打掃自己每天學習的地方。其實游泳池有請專業業者來清掃，但是讓孩子看到媽媽們在大熱天下，拿著水管沖洗游泳池，上課應該會更加認真。學校也很體貼這些辛苦的媽媽們，頂著大太陽，還冒著會被曬黑長雀斑的風險，校長和副校長會在打掃完時，鞠躬敬禮，並發送清涼的運動飲料給大家，還貼心地請人站在穿堂，彈拉丁吉他唱歌，讓媽媽們輕鬆消消暑。

日本人認為「清掃」是教育的一部分，也是學校團體生活中，必備的一環。不像美國人的作法，校園雇用清潔人員打掃。許多日本老師對孩子們上課不認真並不會生氣，可是學生如果沒有乖乖打掃，他們絕對會生氣。

日僑學校打掃時間是縱向分組，也就是跨年級分組，每組都會有一年級，二年級到國中三年級等。在打掃的過程中，高年級要帶領低學年的，學習領導能力。然然在家東西不收好，但我聽老師說，他在學校打掃非常認真，也會拖地和掃廁所，玻璃窗戶擦得亮晶晶，學期結束還拿到了「最佳努力清掃獎狀」。

♪游泳紀錄會

每年九月會有「游泳紀錄會」，也就是游泳比賽，驗收學生上課的成果。我很喜歡在游泳池畔，光著腳丫子，戴著大大的遮陽帽，看然然穿著小泳褲，活潑的跟著同學盡情戲水。不知是否天性使然，小朋友只要玩水都會顯得特別開心。不過看到男老師和女老師們都穿著泳衣，在家長面前，努力地縮肚挺胸，我都不太好意思正視他們。

低年級的小朋友在水深九十公分的小池裡，有水中接力大賽和尋寶遊戲。

國中部學生就是真的測驗，我看著幾位胸膛結實、手長腳長的國三大男生，幾秒鐘就游完二十五公尺自由式、蝶式了。想到小小的悅然，幾年後，青春期也會長成這麼粗壯，不禁警惕自己，要好好把握當下，珍惜眼前可愛的模樣。

♪馬拉松競賽

等秋天天氣轉涼，游泳課暫停之後，接下來就開始練習馬拉松賽跑。學校會利用課間下課的二十分鐘，全校師生一起跑操場。

然然在練習期間，除了鍛鍊體力，胃口也變好了，中午便當都吃光光。他燃起競爭的鬥志，想跑贏拿金牌。

比賽當天，槍聲一響，看著然然和同學們，戴著紅白帽，踏著小小的步伐，手握拳頭，奮力地往前跑。一群小小孩跑出了校門口，繞過一整排大王椰子樹，穿過長滿野花的田間小路，再回到操場時，個個揮灑著汗珠，開始用力最後衝刺。雖然很可惜沒有拿金牌，但是老師發給全班的小朋友「努力有跑完獎牌」，大家都很開心。我心裡也很佩服這些小小孩的毅力。

日本有名的腦科學家篠原菊紀（Shinohara Kikunori）說，跑步有個好處，就是可以開發頭腦。因為跑步是一種有氧運動，我們的腦細胞會因為運動而活躍。

日本人從以前就很熱愛跑馬拉松，最為人津津樂道的是，已經有四十年歷史的「夏威夷馬拉松比賽」，全程約四十二公里，有將近一萬五千多人從日本專程飛去參加。

我想馬拉松比賽，最重要的是練習的過程，讓小朋友有充分運動的動機。日本的教育認為，**低年級的孩子最重要目標就是要鍛鍊體力，身強體魄，將來才有辦法在讀書上贏過別人。**

13. 爸爸媽媽一起上學 II

♪ 每天早上例行的健康確認

日僑學校沒有朝會，但每天都有「健康確認」，這部分和台灣小學很不一樣。然然一進教室，先早自習閱讀，之後佐藤老師就開始點名，確認一下每個小朋友的健康狀態。大部分都回答，「元気です。」不過一年級小朋友狀況比較多，「早上流鼻血」、「昨晚洗澡時滑倒，膝蓋瘀青」、「出門時被弟弟撞到頭」等等。老師會確認一下大家的傷勢，讓擔任衛生股長的然然和良美一起手牽手，把健康狀況表交到保健室，就開始正式上課。

♪音樂朝會

學校每兩個月會有一場音樂朝會，由不同年級輪流上台，演奏給全校師生和來賓欣賞。然然一年級時，全班表演合奏。決定好表演項目後，所有小朋友（及媽媽們）都搶著要吹口風琴，因為是主奏，最受到注目。聽說還有家長去拜託老師，希望讓孩子表演口風琴。雖然我和導師關係不錯，但是這樣的事情，我絕對說不出口。

人生沒辦法永遠都當主角，能把小角色演得精彩的人更值得喝采。爸爸媽媽不能保證一輩子都擋在孩子前頭，事先鋪一條閃耀平順的路。我的人生雖然沒有驚滔駭浪，但也經歷不少大風大浪，看過不少場面。我發現存留下來的贏家，都是能伸能屈的大丈夫。

然然負責的樂器是三角鐵。音樂朝會前兩個星期，剛好有音樂課的教學參觀。我看到然然和兩位小女生一起練習三角鐵，小女生比較抓不到節拍，一直敲錯。然然一點都沒怪她，還很努力的告訴她訣竅，教她先用手打拍子做練習，再實際敲三角鐵。

反觀在教室另一邊，負責吹主奏的口風琴組，男生意見不合都快要打起來了，還把同組的女生弄哭了。在走廊教學參觀的媽媽很尷尬，想要介入制止，卻被自己的兒子回了很不客氣的話，弄得那位媽媽面紅耳赤，更加尷尬。

全班合奏的成功與否，並不在於表演當天的舞台上，一個音不漏的把樂曲演奏出來，團隊準備練習的合作過程，更是難能可貴。我看著和平的三角鐵組，小女生們看著然然的崇拜、信賴眼神，我覺得好欣慰而驕傲。這就是我最想教出來的孩子。

♪夏日祭典

日僑學校每年舉辦的祭典園遊會會開放給一般民眾參觀，學校想讓未來的一年級新生參觀學校和認識環境；然然還在念幼稚園的時候，就收到過邀請。

然然賣力地抬著小朋友一起做的小海豚神轎。

日本各地舉辦お祭り的時候，都會一起跳舞。

在祭典園遊會這天，然然和悅生都會穿上「甚平」，就是小男生上衣加褲子的和服，跟認識的小朋友相約去每個攤位逛逛，有釣水球、撈金魚、炒麵、刨冰，最後結束時，還有花火大會。

雖然在台灣，但有日本企業大力贊助，所以活動幾乎和在日本一樣熱鬧，連神轎都有，大家也會穿上「浴衣」一起跳「盆踊り」。許多念日文系的大學生也會來參加，藉機練習日文，體驗日本文化。校方也會邀請原住民表演舞蹈，交流文化，讓日本孩子觀賞台灣熱鬧的傳統舞蹈。

♪辛苦的活動委員

雖然參加活動很開心，但是執行委員會事前大概要忙上大半年。有一年，一年級班上決定要賣炒麵麵包，就是麵包中間夾日式麵。負責的媽媽會事先準備好食材，請每位媽媽去領，並詳細地解說每一個製作的步驟和細節；當天早上大家要在自家手工製作二十個炒麵麵包，包裝好，再帶去會場賣。

為了要賣冰涼的飲料，每位家長都要在家裡用保特瓶裝水，再放入冰箱結冰，當天用保冷袋帶到攤位，放入賣飲料的箱子。所有活動過程細節都一一考量，希望能做到萬無一失，讓大家體驗到日本文化和精神。

♪宿泊學習

日僑小學的宿泊學習是每個小朋友最期待的時刻了。三年級以上的小朋友，白天遠足，晚上直接住在學校，晚餐也自己煮，飯後還有營火晚會等活動。很可惜然然是一年級，沒有辦法在學校過夜。

聽說以前是從一年級就開始就住校，但是有幾位小朋友半夜不小心尿床，成為笑柄，造成孩子心理傷害；或是小朋友半夜睡不著，哭著要找媽媽，所以後來改成三年級以上的學生才留在學校過夜。

遠足日當天，我送然然去坐校車時，看著高年級的學生手上都提著小行李包，準備今晚要睡在學校。如果今天是然然第一次住校，我應該也會擔心、牽掛吧。

我請問身旁高年級孩子媽媽的心情，她們說，「不會呀，很開心終於有一天孩子不在家，機會難得，晚上要和老公吃浪漫大餐呢。」

說的也沒錯，難得的自由夜晚呢。我也心情改變，開始幻想，將來然然和悅生要宿泊學習的那晚，我一定會去喝到天亮，徹夜不歸，看完日出再回家，倒頭大睡補眠，重溫一下頹廢的大學生活。

其實宿泊學習的主要目的，並不是讓小朋友玩樂，是日本教育部明文規定在「新學習要領」裡的活動，增加學童獨立生活體驗的機會。有些日本幼稚園會在暑假的時候，舉辦過夜活動，培養小朋友獨立的精神。

♪個人面談代替期末成績單

然然三年級時，回到日本當地念書，第一個學期結束的那天，回家時，爸爸露出神秘的微笑問他說，「拿出來吧，那個……」

然然困惑地說，「什麼東西？」

爸爸一臉不相信，直說：「成績單呀。不可以藏起來喔，怎麼可能沒有發？不然我去問老師。」

然然很委屈地說，「真的沒有啦。」

原來，然然念的這所精英小學，從三十幾年前就已經沒有成績單了。相對的，期末和家長的一對一面談，變得很仔細慎重。老師會把然然每個學科的學習情形和表現好的地方，向我們說明了將近三十分鐘。的確，孩子的表現，不是ABCDE五階段中的任一個字母就可以評斷的。

例如理科（自然），老師說，然然的頭腦反應很快，常有新的發想，但是植物的日語名字還不熟悉，認識的種類比較少，所以測驗時沒有滿分。的確，像這樣的情形，是要給A還是B呢？理科的實力是A，但是測驗成績是B。

我想老師評分很為難，怕我看到B不開心也不服氣，給A又對測驗滿分的同學不公平。所以這所精英小學不發成績單，但是為了讓家長了解自己孩童學習狀況的目的下，改用一對一面談，仔細的用口頭說明實例，會比較準確而有實質上的幫助。

我老師的同事每到要發成績單時，就非常的憂鬱，我跟他說，那申請調到這所精英小學不就好了。他想了想說，其實更麻煩費神。和家長面談，必須秉持公平公正的原則，掌握到每位小朋友的行為表現，這其實不簡單。尤其是學生好的表現容易說，但要直接對家長說他們孩子的缺點，就要說得很婉轉，才不會造成誤會。

♪個別的學習交友狀況

老師除了說明然然的功課外，還談到他和同學相處的情形，以及運動方面的表現。然然剛轉學來的時候，比較少出去玩，都在教室裡；現在一下課一溜煙兒就不見了。因為然然不會欺負女生，所以身邊常圍著一堆女生。

我跟老師說，從幼稚園開始，他旁邊就都是小女生，倒不是一起玩煮飯扮家家酒，他都是在一旁畫圖看書當「爸爸」的那一位。不用一起煮菜玩耍，是不重要但是沒有卻不行的角色。

面談是家長難得能和老師單獨溝通的機會，老師也會想了解然然（學生）在家裡的狀況，以前在台灣（或其他學校）的學習狀況，和弟弟（家人）相處的情形等等。面談是老師和家長可以交換彼此的教育觀念和想法，達到雙向溝通的機會，我還滿認同這一項作法的。

People in Japan

小孩不愛午睡

然然喜歡日本小學的其中一個原因是，中午沒有午睡，國中也沒有。我跟日本同事說，台灣的學校，甚至於公司行號，中午吃飽飯後，會趴在桌上睡一下，大家都羨慕的不得了。

14. 喜歡看書的兩兄弟

♪早晨的閱讀時間

從小一開始，然然每天的早自習時間就是閱讀。大家都不能說話，要安靜的坐在座位上看自己喜歡的書。教室後面有一排櫃子，上面擺了許多的繪本和各類書籍，很多都是同學家看完捐出來的。教學參觀的時候，我很明顯看到然然班上同學們不同的個性：Momoko低頭很專注地看書，然然很快地一本又換一本；Masahiro則望著窗外發呆；Hiroshi一副很想找人聊天的樣子，但又沒辦法說話……不管孩子的表現如何，我發現佐藤老師都不太會出聲干涉，頂多用眼神

「關注」一下。也就是說，不管孩子們喜不喜歡，早晨時間安安靜靜地坐十五分鐘是逃不掉的。

♪看自己喜歡的書

在日本，這樣早自習閱讀的習慣，會從國小一直持續到國中。我在日本國中教書的時候，在一間升學率很出色的學校，有一次跟學年主任一起去視察早自習，全班鴉雀無聲，安靜地看書。我仔細一看，很驚訝得發現，學生們手上拿著的幾乎都是文庫本的小說之類，並不是教科書或參考書；連國三班的學生也是在看小說；包括陽光帥氣男導師也專心在自己的座位上看歷史小說，沒有在改作業或算成績。整個教室都充滿了閱讀的書香氣息。

我想起自己國中時，從早自習就開始小考，每天考五、六科；課外書也不可以帶到學校，一旦違反校規，不僅書會被老師沒收，還可能被記警告或小過之類的懲罰。當然就更不可能有同學膽大包天，像日本一樣在早自習看「閒書」，準會被罵的頭破血流，要是看像羅曼史之類的小說，搞不好還會通知家長。幸好，聽說現在的國中生也有「晨讀」時間了。

♪開放的圖書館

然然的學校除了每天固定的早自習閱讀時間，每周有一堂國語（日語）課是到圖書館，讓小朋友互相交流，發表感想意見。嚴格來講，應該是圖書室，規模不大，但是收藏了各式各樣的書。然然二年級時，那一陣子班上的同學很流行看《怪傑佐羅力》系列故事，主人翁是一隻愛發明惡作劇的小狐狸，和兩隻雙胞胎山豬的冒險故事。

小朋友們還很喜歡一種叫做「紙芝居」的繪本，是分開一張、一張，A3或全開大小的圖畫，通常是讓老師說故事給全班聽用的。因為一般書局比較少賣，家裡很少有，所以小朋友覺得很稀奇。

圖書室是不上鎖的，下課時間隨時都可以進去，每當然然發現到好看的書，回家就會叫我到學校圖書室去看，因為這裡也歡迎家長們來借書。

♪書是要讓大家看的

在日本的小學，很多書櫃都是擺在走廊，是開放式的，書架很低，讓小朋友伸手就可以能拿到；也會擺放舒服的座位讓孩子們坐著看書。圖書室也都設置在學校明顯的地方，不會選在偏僻的角落，目的是**要讓小朋友不小心就會經過，自然而然的就進去看看書**。

日本幾乎所有書店的童書繪本角落也都會放小椅子，讓小朋友可以坐著看書，上千本新書，任意隨便看。我常帶著悅生坐在書店看書，一、二個小時很快就過去了。日本的物價跟台灣比起來幾乎什麼都貴，只有書很便宜。文庫版一本五百五十日圓，所以早些年在很多場所，可以看到每個人幾乎人手一本，尤其是在智慧型手機還沒有大流行時，東京電車裡彷彿就像教室一樣，不分男女老少，大家都安靜地埋頭看書。

♪愛買書的中野屋家族

我家把拔很喜歡看書，從漫畫、偵探到純科學類，他幾乎什麼書都看，就是不看愛情小說。每個周末，他都會去書店逛兩個小時；出門開車累了，停在便利店，我買咖啡，他站著翻剛出刊的漫畫，看完就精神百倍。

對於幫悅然和悅生買書這件事，我們有不同的意見。我先生會無止盡的買，只要是書，喜歡就買給他們；結果家裡有一堆很類似卻沒有看完的書。

我的原則是，看完一本才買新的，或是在書店說想買兩次以上，真的想要才會買。我相信真正的渴望才會帶來閱讀動力。飢餓行銷就是故意讓消費者買不到，大家反而會一味地更想要。前陣子孩子們之間很流行的雷神巧克力，就是很典型的例子，買不到時大家搶到破頭，還託人從日本搶購，但最近我在台灣的便利店貨架上看到一堆，風潮過了，大家想要的慾望也隨之降低了吧。

北海道的家走過一條街就是購物中心，裡面有一家我先生從小就常去的熊澤書店。悅然和悅生不管是夏日炎炎，還是冬天白雪靄靄，每天都一定要去書店報到至少一次。兩個小朋友很機靈，知道媽媽不會隨便買，所以下午就找歐巴醬或歐記醬帶他們去書店。

歐記醬和歐巴醬跟爸爸一樣，只要孫子喜歡就買，原來這是遺傳的。我只能客氣的說，「買了就要看喔。」每次帶三個空行李箱回北海道，回家時都塞滿玩具和書，還常常放不下而需用宅急便寄送。

♪兩個小小作者

然然在家裡看我在寫書，他也模仿起來，把A4紙對折，再用釘書機將這些紙合釘起來。他寫的內容是一本教小朋友日文的「書」，把一些小學裡會用到的單字，像是盪

我就是下雪走路也要去買書，
聽說是十度，零下的。

鞦韆、翹翹板等，中日文注音對照，附上畫圖說明。附錄あいうえお的書寫練習，每個字用紅筆仔細註明123筆順，還有用點點描描看。最近他又出了一本十六頁左右，中文國字和日語漢字寫法不同的「工具書」。

悅生也學著哥哥，用便條紙黏成一本二十二頁，寫的是關於魔法棒的故事書，附錄是汽車標誌的小圖鑑，畫上奧迪的四個圈圈，賓士的三披薩，旁邊很努力地寫上英文。

♪大學考試的關鍵：閱讀寫作

我先生堅持讓悅然和悅生大量閱讀的原因是，可以提升寫作能力。因為在日本學校，寒暑假作業都要寫感想文。然然的老師會讓小朋友寫圖畫日記，寫完就夾在同一個資料夾，全班傳閱。輪到自己寫的那一天，就可以看到前面同學的作品。

我先生說，在日本寫作能力是升學的關鍵，攸關著悅然和悅生的前途。像東京大學和京都大學的入學考試，只有考「小論文」和外國語。小論文照字面的意思就是小篇的論文形式，條理分明地撰述自己的意見和想法，以及支持的理由和佐證。所以從小培養獨立思考能力是很重要的事。

♪培養獨立思考能力

思考是一種習慣，可以養成的。我的口頭禪是**「用頭腦想一想」**；很多事情我不直接給答案，或是我回答不出來時，就會把這句話搬出來。有一次悅生問我，「為什麼紅綠燈的順序是紅黃綠？」我說，「你先用你聰明的頭腦想一想，為什麼呢？」

我試著從大小事情，問然然和悅生的意見，不把他們當成不懂事的小孩對待。「你覺得怎麼樣？為什麼？為什麼會這麼覺得？換作是你的話，你會怎麼做？」

我開車等紅燈時，看到路邊的新房子，「然然，你覺得這間房子蓋得好看嗎？為什麼你喜歡？你想要蓋什麼樣的房子呢？車庫要在哪裡？」當然，最後不免會確認一下，「將來要不要買像這樣漂亮房子給媽媽住？」

台灣最近很重視閱讀習慣的養成，台中市等縣市讓所有的國小學童線上認證，登記自己讀過哪些書；還會詢問幾個跟書本內容有關的簡單小問題，幫助確認小朋友的理解程度。我和悅生上去登記，發現有許多書都是我們在日本已經讀過的繪本，看到翻譯成中文的版本，覺得好親切。

People in Japan

日本和台灣的大學入學作文題目

台灣作文出題比較廣而且感性，95年度「想飛」，97年度「如果當時」，99年度「探索」，相較之下，日本的題目比較理性而艱深一點。

二〇一三年日本大學名校出的小論文題目：

・筑波大學的人文學系：

請先整理這篇「閱讀可以帶動自我重整」的大意重點，再敘述自己的閱讀經驗及將來在大學裡的抱負（1200字）。

・東京醫科齒科大學醫學部：

讀過這篇「人體骨骼構成」的文章，請敘述及比較你對自己身體的認知和作者有什麼不同的地方。（650字）

15. 令人頭痛的暑假作業：自由研究

♪薄薄的暑假作業本

日本學校是三個學期制，櫻花盛開的四月初開學，到了炎陽高照的七月中就開始放暑假了。

學期最後一天，然然帶回來人生第一回的暑假作業。國語（日語）加數學就只有薄薄的一本，他一天寫一個小時，兩天就完成了。

但作業本寫完後是要家長自己批改的，小朋友也要把錯誤的訂正好。

♪什麼是「自由研究」？

作業本寫完了，剩下一個叫做「自由研究」的項目。雖然好像在書店常看到相關的書，但是我丈二金剛摸不著頭緒，沒具體概念要做什麼東西。

我問我先生該怎麼辦，順便想把責任全部推到他身上；他胸有成竹拍拍胸脯說，「大丈夫（沒問題啦）！全包在我身上。」

呵呵，我心想把拔在日本是負責國際太空站ISS的主任，就交給太空科學家啦。

「自由研究」這個課題，從我先生上小學開始就有了，最早可以追溯到昭和初期二〇年代，當時日本想跳脫出填鴨式的教育，希望加強學童思考能力，於是開始有自由研究的風氣。

現在幾乎每個日本小學到國中的暑假作業，都規定要自由研究，開學後還會有成果展覽會或縣市比賽。因為全國的小學生和中學生都要做「自由研究」，所以市面上和網路上都有非常多的資料可以輔助。

我在WIKI找了一下「自由研究」的定義，竟然還看到寫著，「自由研究是小朋友及父母暑假煩惱的根源。」我看了真是心有戚戚焉。

♪父子意見不合，決定不了主題

雖然當時把拔拍胸脯保證，但光是題目要做什麼，父子倆就意見不和。然然朝夕暮改，一下子想做動力車，一下子想做彈珠台。連歐巴醬也興致勃勃地參與討論，提議說用彩色鐵絲編花籃。小班的悅生也在旁湊熱鬧，吵著他想研究上次從大雪山撿回來的火山石頭。正如WIKI所言，我家也是被「自由研究」弄得一個頭兩個大。

♪然然歷年的主題

在激烈的討論下，然然最後決定做會發光的火星探測車。剛好那年美國成功的發射火星探測車Curiosity到火星。爸爸建議裝上馬達，讓探測器自己跑，所以到鐵道模型店，準備買零件。我堅決的反對，因為這不像是一年級小朋友會做的東西。雖然家長參與是被允許，但是這太走火入魔了吧。最後父子倆被迫修正方向，裝上電池，接上小燈泡，讓探測車一邊走一邊發光。

然然二年級時，則在歐巴醬的強力推薦下，自己手染繪圖T恤。然然畫了一顆紅咚咚的大西瓜，用染料染在白色的棉質T恤上。

悅生也在旁湊熱鬧，畫了一台跑車，又很酷地簽上自己的名字。

今年然然升上三年級了，做的是白堊紀的化石研究。我們一家四口，特地跟隨化石研究員到北海道深山的河床上，找到了貝類菊石亞綱（Ammonoidea）。然然這個作品還獲選代表班上參加展覽比賽。

那一陣子，悅生走在路上，一看見有石頭，他就拿起來仔細看又看，常常很興奮地喊，「是化石耶。」

研究成果報告

自由研究雖說立意很好，有學習價值，但是實在很麻煩；因為並不是東西做好交出去就好了，還必須附上一份不限格式的報告。我看到小三比賽得獎的作品，報告真是令人印象深刻。上面清楚註明了研究的動機、想調查的事項以及自己的假設；還有準備了哪些東西，用什麼方法觀察，得到了什麼結果；最後說明學習到的事情和需要反省的部分。報告鉅細靡遺的用文字、圖表和數據解釋說明，最後還要標註參考資料和書籍的出處。整份報告當然不是像大人專業用power point，而是小朋友充滿創意且可愛的手繪風，用毛線穿起每一頁，製作水準完全超出了我對小三學生的想像水準。

自由研究的類型

在陪著然然查資料的過程中，漸漸覺得自由研究滿有趣的，果然有學習價值，有不少收穫和成就感。現在然然只要發現有趣的事就想研究一下，或想當成暑假自由研究的題目（作品）。因為自由研究真的是全自由，可以選擇各式各樣的題目。基本上可分為科學實驗型、社會調查型、環境觀測型、美工勞作型。我參考網路上很流行做實驗型的研究「香蕉也會被曬傷」，把香蕉用鋁箔紙包起來，塗上UV防曬，觀察香蕉日曬後的黑點。

社會調查有「調查自動販賣機」，歸納出這幾年自動販賣機的省電功能，以及附加社會貢獻功能。比方說，地震發生時，自動販賣機會打出跑馬燈警示。或是發生公共災害時，可以設定販賣機裡的飲料或餅乾不用投錢就可以讓災民取用。

日本的研究機構會有固定的一般公開日，也是暑假自由研究找題目素材的好地方。我家在筑波（Tsukuba）研究學園都市，是日本的國家級研究特區，有三百個大型研究機構，像是爸爸工作的日本太空總署（JAXA）、諾貝爾得主的高能加速器研究機構（KEK）、產業技術総合研究所（AIST）等。我們常去參觀，動手玩一玩跟生活有關的科學實驗。**館方在開放參觀日，會安排忙得不得**

參觀太空博物館

太空衣

太空升降梯

火星探測車

太空梭控制艙內部

了，且行程滿檔的科學家及研究人員抽空在現場，陪小朋友一起做實驗。

也許是日本人從小就做「自由研究」的訓練，探究事情的根源，總是會嘗試用不同的角度分析，發想新的創意，難怪電視節目的類型多且報導深入。

♪自由研究的好處

我看著這些自由研究的展覽作品，開始認同為什麼日本要硬性規定自由研究為課題。如果孩子從小每年都認真的親手做自由研究，除了可以學得很多知識，了解做學問的方法，更訓練獨自思考的能力和歸納整合的技巧。**知識如果是自己親自研究得來的，一定會比老師課堂上教的或是書上寫的，來得印象深刻。**

聽說，有很多孩子從小學到中學，九年間都做同一個主題。我先生有一位氣質超凡的女同事中川小姐，有一次在聚餐時跟我說，她從小就對南極特別有興趣，小學一年級開始，自由研究都是跟南極或北極有關的；直到東京大學的博士論文，寫的也是跟極地相關的題目。她現在就在極地研究部門上班。很難想像這位溫柔婉約、出身名門的大家閨秀是日本極地界的佼佼者。東大面試時，教授們聽到中川小姐從小到大都研究同一個主題，印象非常深刻。學術研究工作要相當的執著，才會有成果，一致通過認為她是東大需要的人才。自由研究的成果，成為她進入東京大學的門票。

People in Japan

慶應小學入學需要經過嚴格的考試，答對了就有機會一路直升到慶應大學。據說有90%應考的幼稚園小朋友都全對。（資料自網站轉載）

1～4. 在括號裡填入適當的國字。

5. A～D 哪個是青蛙的小孩。

6. 這輛日本巴士往哪個方向開？A還是B？

7. 括號內要填大還是小？

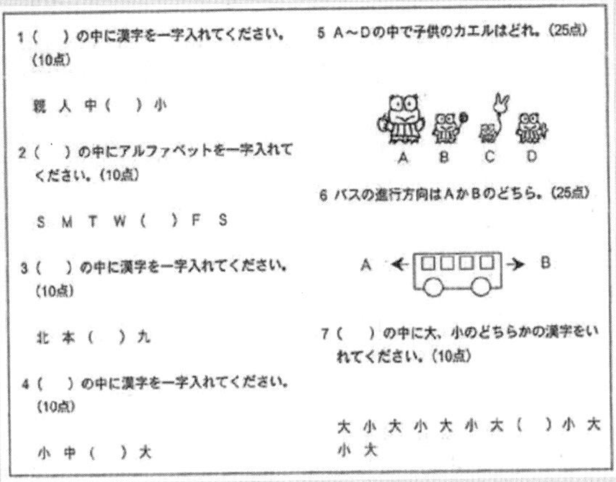

1（　）の中に漢字を一字入れてください。（10点）

親　人　中（　）小

2（　）の中にアルファベットを一字入れてください。（10点）

S　M　T　W（　）F　S

3（　）の中に漢字を一字入れてください。（10点）

北　本（　）九

4（　）の中に漢字を一字入れてください。（10点）

小　中（　）大

5 A～Dの中で子供のカエルはどれ。（25点）

A　B　C　D

6 バスの進行方向はAかBのどちら。（25点）

A　B

7（　）の中に大、小のどちらかの漢字をいれてください。（10点）

大　小　大　小　大　小　大（　）小　大　小　大

16. 日本小孩的課後做什麼？

在日本並沒有很多才藝班，然然一直到四歲時，才開始去YAMAHA上音樂班。後來我們回台灣念書，我也讓他去YAMAHA繼續上課，碰到一位很棒的老師。我發現台日兩邊教的內容幾乎是一模一樣；連電視廣告也一樣，一群很可愛有氣質的小女生唱「do re mi fa so ra- fa, mi re do」。

♪日本受歡迎的才藝

在日本最受歡迎的才藝是游泳，幾乎有三成的人從小會學游泳，其次是像棒球或足球的運動；進入小學或國中後，大多數擔任校隊。女生則多是學習樂器類，入學後會持續在學校樂隊演奏，參加比賽。在日本因為要學才藝比較不容易，所以一旦開始便必須堅持到底。

♪ 親子料理

最近，日本風行的是親子料理課；很多購物中心或是大型超市多會不定期舉辦親子料理課，而且非常受歡迎。媽媽和小朋友都會穿上圍裙，小朋友有兒童專用的菜刀、剪刀等料理工具。自己動手做菜，除了可以讓孩子認識不少食材的名字和營養成分，同時也體會媽媽做飯其實不容易。也可藉由品嘗訓練味覺、擺飾配色訓練美感、巧手，滿足了小朋友創作的慾望，也帶給他們很大的成就感。

做料理讓悅生很有**容量**的概念，有一次做法國吐司，本來只要80CC的牛奶，他一失手倒多，成了120CC。他吃完之後說，「剛加太多牛奶啦，變得軟軟糊糊的不好吃。」

做料理讓悅生對**時間**也很有概念，有時我煮飯時，他會在旁邊幫我用計時器，「蕎麥麵煮兩分鐘是一下下，不然會太爛不好吃」、「白煮蛋要十分鐘，久一點，不然就會沒熟，只好叫把拔吃。」

「食育」的概念是最近日本的重點教育。食物是每天都要吃的，切身關係著自己的身體健康。**日本人認為學童必須從小擁有自我健康管理意識，特別強調運動和食育**。（詳見「食育」一章p174）

歐巴醬在食物這方面的知識非常豐富，每樣食品包裝上的成分說明及添加物，她一定讀的非常仔細，甚至倒背如流。她是傳統的日本女性，樣樣忍氣吞聲，唯獨對吃泡麵這件事無法忍受，聽說我先生小時候的保母，有一次讓他吃泡麵，歐巴醬當場就把她解雇了。

♪ 騎馬體驗

騎馬在日本還滿流行的，電視也常轉播天皇杯馬術大賽。而自從在北海道跟歐記醬騎過一次馬之後，然然和悅生就著迷了，一直說要去學騎馬。剛好在我們常去的高爾夫球練習場旁邊有一個騎馬俱樂部，可以讓孩子學騎馬。

然然第一次自己騎在馬上。

悅生騎完馬，餵小馬吃紅蘿蔔。

第一次去的時候，我沒有勇氣騎上馬，可是當天已經沒有小馬可以讓悅生騎，我只好硬著頭皮，跟悅生一起騎白色有棕色點點的馬媽媽。

後來發現，馬雖然很高大但是很溫馴又聽話，拉拉韁繩馬就會停下來，踢踢肚子馬就會開始走，讓人覺得很安心，騎在馬上的感覺很棒。

然然騎乘的小馬很快就和他變成好朋友。悅生後來也自己騎小馬。每次去馬場，他們都笑得合不攏嘴，騎完馬，餵馬兒吃紅蘿蔔，才依依不捨地回家。悅然和悅生騎馬時的表情，是我前所未見的喜悅和滿足。

♪台灣五花八門的才藝班

我回台灣時，滿街都是各式各樣的才藝班，令我眼花撩亂，心動不已。入境隨俗，我好像應該讓然然學點什麼才好，每個看起來都很不錯，而且回日本就沒有這麼多方便又便宜的選擇了。我先生知道他阻止不了我，只說體驗不同的事情，很好啊。但要然然喜歡，不要逼他。

結果，然然的行程跟跨國企業的CEO一樣忙，雲門韻律舞蹈、YAMAHA音樂班、拉小提琴、鋼琴、游泳、國語正音、書法，在幼稚園也學算盤和美術；在一旁當秘書兼司機的我，也是忙得團團轉。

等到悅生長大時，我也累了。他自己也不想特別去學什麼，反而比較多的時間，待在家裡跟我玩，偶爾跟我去游泳。我發現因為跟我相處的時間多，兩個人一起看看書，散散步，他似乎是個更快樂開朗的孩子。

我的結論是，才藝課上也好，不上也沒關係。尤其是樂器，當然可以學到一些東西，但是若不能長久，就不要太勉強自己和孩子。經驗的開發是正面的，接觸不同環境的人事物也是一種社會體驗。等到將來有一天，孩子自己想學時，也不會太晚。

17. 重視「體育」的日本教育：運動會

♪爸媽也期待的運動會

電視上常常有新的數位相機或錄影機廣告，主題都是用小朋友的運動會，可愛的小朋友戴著紅白帽，用力往前跑，媽媽在一旁揮著旗子喊「頑張れ、頑張れ（加油！）」。爸爸在一旁努力的攝影，緊盯著心愛的孩子領先衝向終點，大聲歡呼。

這些情節都是真的，除了爸爸媽媽沒有長得那麼英俊瀟灑、美麗動人、孩子不一定會跑第一名、旁邊會有跑輸的媽媽惋惜加不服氣的表情。

日本人從幼稚園起就非常重視運動會，高潮是小朋友的接力賽跑和爸爸們的拔河。

♪小朋友的賽跑

然然在保育所第一個最令人期待的活動就是運動會。他參加的第一個項目是賽跑，老師槍聲一響，然然很好心地左右確認一下大家都跑了，才安心地往前跑；結果當然是敬陪末座。然然

然然哥哥在小學二年級的運動會跑第一。

並不覺得有什麼，反倒是在一旁的把拔臉色有點難看，想必內心有些失望又不好意思說出來。

第二年，然然升上中班的時候，把拔就不停地耳提面命，老師的槍一響就要起跑，其他小朋友沒跑也沒關係，自己往前跑就好了。果真，槍聲一響起，然然就踏著小小的步伐，頭上綁著小紅帶，很努力地直直往前跑出去。眼看快到終點時，他旁邊的小女生卻突然跌倒了，整個人跌趴在地上，頓時然然哥哥停了下來，然後走回去扶起她，他牽起小女生的手，看著她的眼睛，很擔心地問她：「大丈夫？怎麼了？還好嗎？」

直到老師、家長來了，然然才突然想起自己還沒跑完，繼續跑向終點。高高興興地領跑完的獎品。這次有進步，沒有最後一名，倒數第二；因為跌倒的小女生倒數第一。

老師很感動地跟我說，「然君はやさしい（yasashi）！」

我想人生中起起落落，有輸有贏，但是能始終有一顆善良純真的心，比什麼都重要。**我很驕傲自己的孩子雖然沒有跑第一名，卻是會牽起跌倒小朋友的**

那一個。我身旁的先生小聲地說，「我很慶幸自己的孩子不是跌倒跑最後的那一個。」

日本很多家長都期待自己家的小朋友能有運動天分，長大可以進職業棒球隊，最好還能被美國大聯盟或是紅襪隊挖角，年俸數十億；或是當足球選手在世足賽上大放異彩，為國增光，業餘拍拍廣告，名利雙收，也很不錯。

小朋友跑完，接著換爸爸們上場，最緊張壓軸的是拔河比賽。爸爸們會戴上手套，拿出九牛二虎之力，聲嘶力竭，深怕輸了，面子會掛不住；小朋友們純真失望的眼神，更會狠狠扼殺了中年男子脆弱的自尊。

♪運動日的便當大作戰

運動會結束之後，到了最令人期待的便當時間。便當當然是「媽媽親手做的」，決不可以買便利店的御飯糰或是涼麵。這個「媽媽便當」還有不成文的規定，熱狗一定要做成小章魚，蘋果要切成小白兔，白飯上要用海苔剪兩個圓滾滾的眼睛，還要插上有新幹線或是可愛兔子的小旗子，總之便當的重點是「可愛」。因為小朋友會到處拿給同學看，媽媽們則會追在後面一邊假裝說，「唉呀，XX君，吃飯要坐好不要跑呀。」一邊偷偷瞧瞧別人家準備什麼樣的便當。

為了準備作戰（做便當），每次學校運動日，我都得在太陽還沒升起時，就開始洗手作羹湯了；宮崎縣黑毛和牛做成燒肉口味，再烤一下可以當生魚片的活跳跳甜蝦，搭配北海道產的青嫩蘆筍和透紅的高原桃太郎番茄；水果是金黃、綠色奇異果和佐藤錦的櫻桃。整體視覺可愛之外，顏色也要搭配得可口。我這樣大費周章嚴選新鮮的食材，為的是讓然然吃的一口都不剩，若是不好吃或沒吃完，場面就不好看了。再說，「輸人不輸陣」，我當然不能丟了台灣人的臉。

♪日僑學校的運動會

我就這樣很拚命認份的做了好幾年運動會便當，後來然然小學一年級時回台灣念日僑學校，我以為我可以不用再早起做羹湯了，沒想到，台灣的日僑學校運動會盛況空前，像是正式的體育大會。而且日本媽媽們還是堅持親手做便當，殊不知在台灣明明到處都買得到熱騰騰的排骨便當，而且還可以外送，既方便又好吃。為什麼要在大熱天，一大早就把便當做好帶去學校呢？聽說這樣才能感受到母親的愛。

♪紅白大對抗

日本學校的典型運動會，會分紅白兩組對抗，這是源自「源平合戰」時的旗子顏色。因此兩邊會有啦啦隊，競爭輸贏總冠軍。日本小朋友都會戴一種紅白帽，這種帽子裡外有兩種顏色，一面紅的，一面是白的；看是哪一隊就戴那個顏色的帽子。然然和悅生那年是紅隊，我就必須穿上紅吱吱的T恤，如果兄弟倆在白隊，我就會打扮的白夏夏。

不只是運動會，日本很多的競賽，參加者都會分成紅白兩邊，就像每年除夕夜NHK電視台的「紅白歌合戰」，一定是紅色和白色，不會突然變成黃、藍大對抗。

雖然是小小選手，但進場時都表現得非常雄赳赳、氣昂昂，就像正式的運動賽事，第一個小朋友掌旗，後面的每位小選手都擺手踏大步；旁邊的爸爸媽媽們看得是既激動又感動啊！「組體操」是最令人捏一把冷汗的項目，體格大的小孩站在地面，體格小一點的站到他們肩膀上，像是疊羅漢般逐次往上疊；中低年級疊三層，到高年級和中學就都疊到五層。這項運動是要練習小朋友們的耐力和相互信任。

除此之外，也會有一些適合小小孩的可愛項目，像是悅生最喜歡的「滾大球（大玉転がし）」；球比他還大。或是親子項目的「紅白丟丟球（玉入れ）」，投籃比賽哪一隊進的球多。

日本の運動会の定番

「選手入場」：雄赳赳的紅白旗進場。

「組み体操」：看得我心驚膽跳。

「大玉転がし」：小小人滾大大球。

「玉入れ」：紅白丟丟球進籃。

♪台灣小學的運動會

然然二年級時，轉學到我小時候念的學校。運動會一開場時，節奏樂隊開始奏校歌，「台中勝地，公園之邊……」喚醒我當小學生的回憶；回頭看著身後的然然，不禁感慨萬千。當時小學生的我，參加運動會唱校歌的時候，是否曾想像過三十年後，我的兒子會同樣地站在這片操場上，從同樣的起跑點，出發賽跑。

運動會全場氣氛熱鬧歡樂，場上的人進行賽事，場下的人自由聊天。在台灣，到校參加孩子運動會的父母並不多，所以接力賽跑時，攝影拍照不用事先卡位，因為只有我和學校老師。我頓時有點懷念日式的運動會，不過一想到不用再做「運動日便當」這回事時，還是開心的不得了。

18. 重視「體驗」的日本教育

讓小朋友上才藝課，培養個人的興趣，長大成為職業音樂家或畫家當然最好。但同樣的意義，期望將來能圓滿地融入社會，提前認識職場也是一件很重要的步驟。

日本在小三時會有一個「社会体験」，國二會有「職場体験」，目的是讓孩子提早發現自己的興趣和潛能，以免念到研究所畢業，還不清楚自己要做什麼。

♪ KidZania樂園的有趣職場體驗

悅然和悅生非常喜歡去KidZania體驗各種職業，這是由日本各大企業贊助的社會體驗樂園。KidZania在日本很受歡迎，為了讓每個小朋友都玩得盡興，有人數限制，所以家長都必須提前在網路先預約。即使我們預約當天提前快一個小時到場，門外已經是大排長龍等進場的人潮。

悅氏兩兄弟的票比我和把拔的還貴，因為大人沒辦法真正體驗，在這裡小朋友才是主角。我頭先以為，大概就是扮家家酒、角色扮演之類的玩一玩而已。沒想到，果真是日本人，玩真的耶。房子是照原建築三分之二比例蓋的，有將近八十種職業體驗，各種職業的指導員都非常專業，一點都不含糊。我先生猜有可能是各企業人事課派來助陣的。

然然哥哥最喜歡的是體驗當足球選手，教練會測試速度，給一份角度分析的專業分析報告。兩兄弟還去東京電力公司當抄表員，把所賺到的錢，到三井住友銀行開戶，當然裡面的行員也是體驗的小朋友。最有趣的是還有結婚體驗，由日本最大的結婚情報雜誌贊助，小朋友可以扮新郎、新娘、wedding planner等。KidZania裡還有維持社會秩序必備的警察局、消防局、律師、法官、檢察官等。

然然和悅生穿上各式各樣的制服和工作服，非常可愛，雖然重點不是去拍兒童寫真，但陪同的每個家長無不猛按快門。在這個地方，**對孩子來說，可以摸索找到未來，對父母來說，似乎看到了他們的未來。**

台灣有類似的BabyBoss，然然在裡面也玩得很開心，只是可能人員不夠，兩三個職業兼差跑來跑去，同時要負責十幾個小朋友。而在日本KidZania最多是一對五，很多職業是一對一的指導。

KidZania在國外也有，但在日本是世界各地最成功的，我很佩服日本企業大力贊助，投入的程度，**追求完美的專業意識，生根於職人文化的傳統，著眼點果然不同，百人百色，行行出狀元**。KidZania除了讓小朋友有機會嘗試自己的夢想，拓廣社會經驗的學習，也可以實地體驗各行各業辛苦的部分，尊重體諒每種職業。

♪企業博物館

日本的經濟新聞會花整版介紹各個企業的博物館，歡迎家長暑假期間帶小朋友來參觀。日本的大企業都會有規模大小不等的博物館，但絕對不單單是一個長廊，幾張照片，最後再看一段會睡著的影片。日本的企業博物館，像是Panasonic數理體驗博物館、日清泡麵博物館、Toyota汽車博物館、Bridge Stone F1汽車動力館、三菱的未來科技館，多到屈指難數，每間都像萬國博覽會一樣有意思，從互動中學習，進而激發孩子的想像力和潛能。

有遠見的百年企業，企業撥預算創立博物館是意義深遠的，因為，孩子是未來的主人翁。教養需要的是社會大環境的支援，日本企業能，我們一定也能，培育人才，是共同的責任和課題。

我和弟弟是東京電力公司的抄表員。

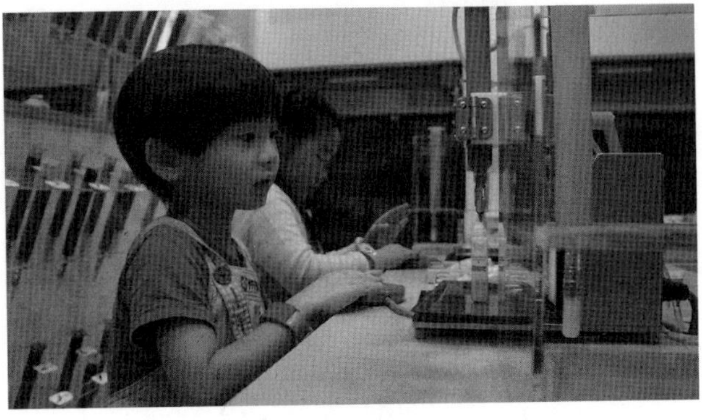

悅生手工自製櫻花牌水彩。

19. 重視「食育」的日本教育

♪什麼是「食育」？

近幾年，日本中小學學校裡加強推廣「食育」，就是飲食的教育。被定位與德育、智育、體育同等重要，透過實際的飲食經驗，學習與食物有關的知識，知道如何正確選擇對自己健康有益的飲食習慣。

♪上幼稚園第一句要學會的話

然然上幼稚園學會的第一句話就是：「いただきます。」團體生活吃飯時，要等大家都準備好了，雙手合十，齊口同聲說「いただきます。」吃飽後，不可以馬上站起來，要先說：「ご馳走様でした。」然然叫我猜猜看這兩句話含有什麼意思？中文是「我要開動了」和「我吃飽了」。老師告訴他，兩句話都含有「ありがとう」，謝謝大家的意思。要謝謝、感恩大自然，謝謝種植稻米蔬菜的農夫，謝謝料理做菜的阿姨，謝謝幫忙分菜的同學；類似基督徒會在飯前禱告，感謝天父。日本飯前和飯後感恩，跨越了宗教，單純的感謝人事物，讓我不禁想起陳之藩先生說的，「因為需要感謝的人太多了，就感謝天罷。」

從小在家裡我規定悅氏兩兄弟，吃飯前一定要說：「いただきます（我要開動了）。」回家進門的時候，要說：「ただいま（我回來了）。」這兩句日語很相似，悅生寶寶三歲時，常進家門口齒不清的就說，「いただきます。」我開玩笑的問他說，「這位小朋友，請問你現在在玄關，要準備開動吃什麼東西呢，鞋鞋嗎？」

♪早餐一定要吃

早上我先帶然然去保育所上學，綁著俏麗馬尾的大島老師都會笑咪咪地問：「歐哈優，有沒有吃飽飽來上學呀？」然後我到任教的國中時，一進校門，皮膚黝黑、年輕的陽光男老師問的也是：「歐嗨優，ＸＸ君，有沒有吃早餐呀？」

日本除了講求餐桌上的規矩和禮貌，還有正確的飲食習慣。日本人非常重視早餐，認為早上沒有吃早餐，一天就沒有活力。據說，**吃早餐能活化腦細胞、增強記憶力，會使人變聰明**。學校教室的牆壁，甚至洗手間，都貼滿了各式各樣的「食育」宣導海報，強調早餐的重要性。

♪和食的智慧，豐盛的早餐

常常有人很好奇問我，日本人早餐都吃些什麼？

我第一次到我婆婆家過夜的時候，一早睡醒，桌上已經擺好一份日本傳統的早餐；主要是白飯、烤鮭魚、豆腐味噌湯、番茄生菜沙拉、綜合脆瓜，海苔、納豆、夕張哈密瓜。我公公婆婆非常重視早餐，幾十年如一日，每天幾乎都擺上滿桌豐盛的早餐。

日本的味噌湯比較鹹，料也很少，通常是一兩塊小小的豆腐和一小撮蔥花兒，頂多再飄著一兩片小小海帶，用漆碗或木碗盛。我剛結婚時，想表現一下，放了很多料，用康寧摔不破大碗公裝給我老公喝時，什麼都吞下肚不敢多說的他，委婉地表示他想用味噌湯碗喝，比較有FU，有意境。

我婆婆會自己醃一種脆瓜叫「ぬか漬け」，是用乳酸菌去發酵小黃瓜、紅蘿蔔、白蘿蔔、茄子等，醫學報導說對身體很有益處。口感脆脆的很清爽，我很喜歡吃，但是常常醃失敗。

味付海苔很下飯，吃了頭髮會黑溜溜。臭臭黏黏的納豆，很多人可能不敢吃，但是這發酵過的黃豆，有豐富的植物性蛋白質，完全不輸牛肉。日本人是世界上長壽的民族之一，其中的祕訣可能來自每天早上豐富的傳統日式早餐。

♪營養至上的歐巴醬

歐巴醬有一個很有意思的地方，她會分析說明一下端出來的食物，倒不是像行政主廚出來說烹調方式，而是客觀的說明營養成分。像是，「這是早上剛買的新鮮牛肉，是北海道產的，有很多蛋白質。」

「然醬，你的白飯沒吃完喔，碳水化合物不夠喔。」

「我們來吃一些草莓，補充一下維他命C吧。」

「悅生醬，菠菜吃光光，你身體裡有好多葉酸耶。」

歐巴醬堅持隔夜菜自己吃，絕對不會端上桌。食物一有不對勁，就馬上丟掉。水蜜桃上只要有黑點，就一定不會拿給小朋友和我吃。生熟食的料理工具，菜刀、剪刀、砧板、碗等也一定分的很清楚。料理過生食的器具，全部用沸水消毒過。

只是有一點不同，吃冰在中醫是大忌，但日本人似乎不太在乎吃冰這件事。歐巴醬會讓然然和悅生一早起來就喝冰涼的養樂多解渴。放學回家，每天都可以吃冰淇淋。甚至於冬天零下十度，只要金孫在家，歐巴醬也會隨時補充冰箱裡的哈根達斯冰淇淋。我花了幾年的時間才漸漸說服歐巴醬，然然常咳嗽流鼻水，所以盡量不要讓他一大早喝冰的飲料。

♪學校的營養午餐

我在日本學校教書時，中午和學生一起吃營養午餐。然然要上日本小學前，很興奮又期待地問我，營養午餐吃什麼？雖然我和然然的學校不一樣，但有機會吃到同樣的營養午餐，因為中央廚房會供應一大區包含幼稚園、小學和國中的午餐。

營養午餐是老師和學生們最開心的時刻了。每個月菜單一發下來，我就把它夾在桌子的玻璃墊下，每天早上都瞧瞧今天中午會吃到什麼菜。通常是主食、兩菜一湯和牛乳，其中一定會包含一道沙拉。小學生的熱量會控制一餐在七百大卡上下。

小學的教室後面都會貼一張菜單，早上全班點完名後，值日生會宣讀今天的營養午餐，使用的食材和哪幾種的營養成分，吃了會對身體有什麼好處，會攝取多少的鹽分和卡路里。例如說，味噌雞排有蛋白質會讓骨骼和肌肉強健，五穀飯、烏龍麵裡有碳水化合物，吃了會讓身體有力氣。

輪到幫忙分菜的那天，然然要帶白色的配膳服和頭上戴的三角巾。白飯是一盒、一盒分裝好的，發起來很方便，不像台灣一大鍋，要一碗一碗的盛裝。主食除了白飯，還有許多變化，像是紫米飯、五穀飯、烏龍麵、中華麵、黑糖麵包、牛奶麵包、義大利麵等。吃湯麵的時候，麵也是像超市一包、一包裝好的，要吃的時候才打開放入湯裡。

日本各縣市政府鼓勵中央廚房用自己地方生產的食材。筑波市因為離納豆名產地水戶很近，偶爾會有納豆，但是導師不會勉強不敢吃的同學，所以常會剩很多盒，問我要不要帶回家。餐後的水果則偶爾才有，因為日本的水果貴，搬運過程容易受傷，不像水果王國台灣，營養午餐幾乎天天都有水果。

營養午餐每個月還會有「世界美食日」，比如世足賽開賽前，就會讓小朋友試試巴西菜，認識巴西的料理特色，也是培養國際觀的好機會。特別又有趣的是，有一天是「點菜日」，讓學生可以寫信給中央廚房，告訴營養師他想吃的東西。

♪營養午餐的驚喜：吃冰淇淋

有時候突然放颱風假，那個月預算有剩餘的時候，午餐就會突然出現冰淇淋。當天早上，值日生宣布今天的午餐菜單時，聲音可以說是興奮到用顫抖的，小朋友可以選要吃哈根達斯香草冰淇淋或是橘子冰。

然然說，有冰吃的時候，午餐氣氛比平常更歡樂，也沒有小朋友慢吞吞的或是沒吃完，大家都吃得笑哈哈，真可謂是身心滿足的一餐。然然把裝冰的橘子造型容器帶回家，意猶未盡地細說午餐的情形，聽得一旁快傻掉的悅生，對小學生活充滿了無限的嚮往。

♪立法保障國民飲食品質

食是生活的基本，生命延續的能量。雖然日本是最長壽的國家，但是政府警覺到，近年來因為飲食環境顯著改變，造成許多嚴重的問題，例如飲食習慣疏忽、營養不均衡、身體肥胖、生活習慣病（糖尿和高血壓）。食糧供應上，目前過度依賴國外進口，必須提高糧食的自給率，還有解決傳統飲食文化被埋沒的危機，嚴格管理食品安全等。

日本內政部二〇〇五年前開始，陸陸續續修正法案，希望能根據「食育基本法」，透過官方及民間的力量，大力推廣「食育」全民運動。重點對象除了學童外，還包括孕婦和高齡者。針對成長需求的不同，幼稚園、保育所、國中的學校老師都被賦予不同的教育義務；農林漁業的生產者也被規範明確的指標，食品加工業等企業也有履行的義務，政府希望藉由良好正確的飲食習慣和知識，確保國民身體健康。

近來台灣頻頻爆發食安問題，也許可以跟日本借鏡，從最根本的地方，嚴格的全面性檢視這個問題，再也沒有比吃進肚子裡的東西更重要的事了。小老百姓需要政府嚴格把關，每天才能吃的安心，無慮的過日子。

三、中野屋媽媽的大挑戰

當一個混血兒到底是什麼感覺和心情呢？
媽媽不知道，不過可以確定的是，
不需要問自己比較喜歡哪一邊，
因為答案早融合在你們身體裡了。

20. 兄弟情結，媽媽不是我一個人的了

我懷孕的時候，一直對我很關心的高中國文老師毓秀，特地送了我一本龍應台女士寫台德混血兒子成長故事《孩子，你慢慢來》，和搖滾巴哈Swing Bach的德國實況音樂會CD，要我帶回日本當胎教看，學習如何讓孩子不忘中文。

書中寫道，當她生完弟弟的時候，有一天哥哥突然問他說，是不是他變得不可愛了，還是鼻子眼睛不好看，為什麼來家裡看寶寶的客人，都只有說弟弟好可愛。

我讀到這裡覺得非常震撼，從此去別人家看新生小嬰兒的時候，我除了準備給新生兒的禮物，也一定會多一份給哥哥或姊姊的禮物，而且一定會先拿給

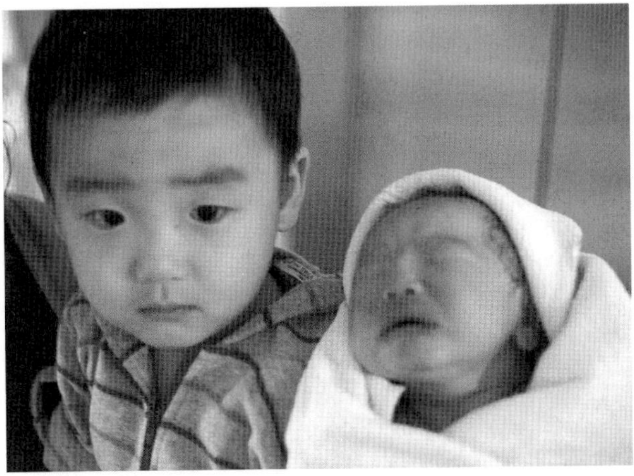

你……是誰？

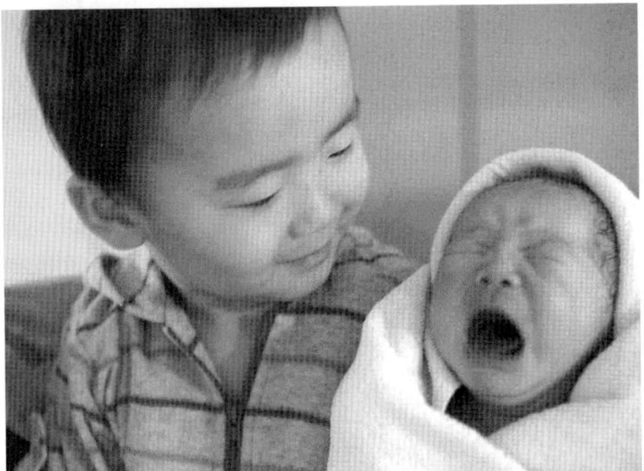

啊！我剛出生的弟弟。

大的，反正小的也不知道。當哥哥姊姊的才不會有失落感，覺得包括媽媽及身邊所有的人都不再愛自己了。

我自己生完悅生寶寶時，然然哥哥雖然什麼都沒有說，但心裡可能會覺得有點委屈不適應，原本玩具全部都是他的，現在什麼都要和弟弟分著玩，甚至爸爸媽媽以前都是只有照顧他，現在卻有一半的時間要一直抱著弟弟，「曾經獨佔又被迫分享」。

悅生因為生下來就什麼事情都被分好了，沒有落差，反而偶爾得到全部的時候，會格外的開心。悅生會察言觀色，看過哥哥被修理一次後，就清楚知道那是不能做的事。「沒有老大的包袱，更輕易得到別人的愛，而別人大量的愛，又使他更輕鬆、快樂、隨意、簡單。這就是命運。」

♪大的不用讓小的

我從不跟然然哥哥說，「你比較大，讓悅生啦。」我會說「要輪流」，一個人玩五分鐘，才不會萌生對彼此的敵意。

不過有時面臨非選擇不可的情況，長幼有序，我會說，「然然是哥哥，先選吧？」這時然然十次有八次會說，「悅生你要哪一個？」

再大一點，還會推銷自己不想要的那一個：「悅生，我覺得這個紅色很好看。」

悅生也會很順從的說，「真的耶，那我要紅色。」

兄友弟恭，讓當媽媽的我很欣慰。

♪不介入兩個男生的戰爭

說到當兩個兒子的媽，唯有當過的人才知道苦處。相信有兩個孩子的家長都同意，辛苦的部分不是變兩倍，是三倍。兩個人一天到晚鬧來鬥去，我通常不當調停者，很少去判定誰不對，都一起罵。不過說實在的，兩兄弟和樂地玩在一起的時候，真的很可愛，當媽媽的我就很輕鬆，完全不用管，可以悠閒地喝杯拿鐵咖啡，直到兩個人再吵起來為止。

要當一個公平的媽媽，實在是非常勞心勞力。兩兄弟打來鬧去，很難分辨誰不對。**我和我先生聯手，從小就試著不介入，先聲明「要玩不要哭，要哭不要玩」**；還有絕對不可以打頭和臉，其他的就當作沒看到。悅生比較小不懂事，都是使全力，然然哥哥雖然比較高大，但是很少真的還手，知道輕重。

我常當著然然的面，故意跟我朋友誇獎說，其實都是悅生喜歡打他，他都好乖不還手，還手使的都是三分力。我想讓然然知道，其實媽媽很清楚誰做了什麼，讓他覺得世上是有正義的，希望被誇獎的他，能保持善良的心。我也盡量不在悅生面前罵然然哥哥，讓他不會面子掛不住。

然然有時候真的被惹毛了，因為知道不可以揍悅生，就把氣出在別的地方上，大發脾氣丟東西。這時候我對他說，這樣很不划算，因為本來是悅生不對，我準備要修理悅生，但是他發脾氣，換成我把矛頭指向他。

有一次在學校上然然最喜歡的紙黏土課，一位調皮的同學一直故意撞倒他的黏土作品，還嘲笑他。然然很生氣地把自己的黏土丟到地上，結果老師把那不成形的作品在教學參觀日展出。我一看到作品，就知道發生什麼事。後來我告訴然然，不要拿別人的過錯來懲罰自己，而且生悶氣對自己不好。

♪分享，一起玩最好玩

我朋友家裡有兩個小孩的，相同的東西都要買兩份，才不會打起來。可是我幾乎很少買兩份，讓悅然和悅生從小養成分享東西的習慣。

譬如說，在台灣有時候星期五的晚上，我們三個人會在房間裡開小PARTY，買一些平常禁止吃的零食（日本歐巴醬發現了一定會昏倒）。可樂一定只買一罐，如果買兩罐，就不能買洋芋片，所以他們可以選擇要買兩罐同樣的可樂，或是一罐可樂和

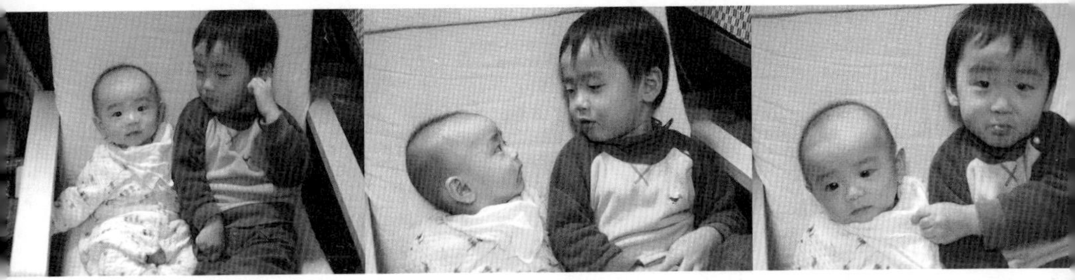

要照相了，你坐好。

我還不會坐耶。

媽，弟弟不會坐啦，要滑下去了

一包洋芋片。

他們都選擇後者。我告訴他們這就是分享的好處，可以享受兩種不同的快樂。買玩具也是，買不一樣的才可以玩兩種。只要在買之前先約定好，就不會有耍賴的火爆場面。

♪分開的正面效應

我在台灣生下悅生寶寶，做完月子才回日本。第一次要跟兩歲半的然然分開一個多月，心中有許多不捨，但是我很期待再相會的那一天，不知道他會有多高興，一定會嘰哩呱拉地敘述他這個月發生的所有事情，以及新買的玩具之類。

當天回到日本家裡時，已經傍晚了，然然等得不小心睡著了。我輕輕地搖醒他說，「我是媽媽，ただいま，我回來了。」他睜開雙眼看著我，一句話都沒說，兩行眼淚靜靜的留下來，我被這突來的無言淚水愣住了，此刻無聲勝有聲，我趕緊把他抱起來。

然然因為我不在，變得非常的獨立，也很認真的學寫五十音，跟爸爸說要讓我嚇一跳他變得很厲害。而對我自己來說，**分開一陣子，讓我沉澱不少煩躁的情緒**。後來每每脾氣要爆發時，想起然然當時的那兩行清淚，氣立即就消了不少。

第二次分開，是然然要先搬回日本，上小學三年級，而我決定和悅生要繼續待在台灣，等到幼稚園畢業。分開那天的情景，跟那兩行清淚，大概是我這一輩子忘不了的。

在高鐵車站，小小的然然站在爸爸身後，乘著長長的手扶梯往上走，一直不斷回頭看著愈來愈遠的我，一手擦著淚水。

最不捨的是悅生，突然沒有哥哥教他玩遊戲、畫畫，然然一直是他的偶像，最好的玩伴，哥哥要怎樣，他就要跟哥哥一樣。那一陣子，悅生寶寶安靜沉默不少。

♪一對一的相處時間

這是一個痛苦但是明智的抉擇，我可以全心全意的照顧悅生，因為沒有媽媽偏心不公平的顧慮，我可以毫不保留的誇獎他。有時還可以偷偷地跟他說，你握筆的姿勢好棒，比哥哥更厲害。之前因為兩兄弟一起寫字，沒辦法這麼露骨的說。悅生被誇獎，高興的不得了，學習情況突飛猛進，一下子就寫好幾行ㄅ、ㄆ、ㄇ；睡前也可以自己念簡單的故事書，一邊認字。

以前我總是花太多心思和注意力在哥哥上，忽略了還在上幼稚園的悅生寶寶，後來我發現，慢慢教，其實悅生領悟力不錯。時間和成果是呈正比的，因為我花在他身上的時間多了，他變聰明，我也變得有耐心，一次都沒動怒過。

對悅生寶寶來說，生為次男，當出生時，所有都必須和哥哥分享，沒有獨享過。現在終於媽媽是自己一個人的，坐車子也沒有人跟他搶坐前面，也許是專屬於他的太平盛世。**悅生對於生活中理所當然的事，都變得更加感恩，**更珍惜自己在台灣的歡樂生活。

然然在抵達日本當天晚上哭過一次之後，天天都很開心。在日本跟爸爸和歐巴醬住在一起，分到的關注和愛不再是二分之一份，而是滿滿的兩大份。因為沒有悅生跟他爭東爭西，情緒也變得穩定不少，天天都笑咪咪。每天視訊時，兩兄弟也不會吵吵鬧鬧，當然也打不到彼此，只是很興奮地聊他們小男生的話題，約定下次見面時要一起玩什麼。

雖然當初因為不得不而讓兩兄弟分開，意外的，卻好處多多，兄弟兩個人感情變得更好了。也許兄弟感情好不好，很多時候是從小取自於父母的態度，和事情的處理方式。看到悅然和悅生開心的一起騎腳踏車、抓蜻蜓，精力充沛地在小山坡上賽跑的樣子，我沒有生女兒的遺憾也漸漸淡了。我相信他們倆一定可以一直感情和睦（只要不同時愛上同一個女生），成為人生路上相互扶持的好夥伴。

21. 混血兒雙語教育的挑戰 I

♪ 多年的煩惱：然然中文說不好

我大學是學語言的，對於從小有多國語言環境的小孩，有說不出的羨慕。當年嫁給日本人時，周圍的女性同學和朋友都很興奮，期待我能生一個像金城武的兒子。一年後生產完，我的結論是：要生一個像金城武的，除非跟金城武生，否則很難達成願望；要會說雙語，除非有環境，否則還真難說的流利。

長得不像金城武的然然哥哥，從出生後就一直住在日本，小小的單眼皮和酒窩，跟他爸爸是同一個模子刻出來的，一看就知道是日本人，幾乎不像我，沒有「混」到台味。悅生雖然比較有台灣味，但還是很像爸爸，「混」的一點都不均勻。

這時，我周圍的親戚、長輩、朋友、同學、鄰居，每個人都很嚴正的跟我交代，「長得不像台灣人沒關係，但是一定要讓他會說中文，不能只會說日語。」我自己當然很清楚說中文的必要性，生完然然後那這五年，在日本的時間，我的腦袋裡隨時閃著警示燈，「說中文，說中文，說中文。」我自認為很努力，把心思都放在然然要學中文上，但結果還是令人失望，他幾乎只會說「不要、謝謝、你好」。

我反覆地思考原因，也許在家裡，因為我先生幾乎聽不懂中文，對話都用日語，很少有機會聽到中文的問答方式。比方說，我刻意地用中文問然然，「你今天在學校玩什麼？」他聽得懂我的問題，但是不知道如何用中文回答，所以只好用熟悉的日語回答我，而我也不知不覺的自動切換成日語，一下子就被他拉過去了。等我一察覺自己也在說日語，就很懊惱，心想又失敗了。

我從台灣帶了一堆中文的故事書，像是有附CD的床邊故事集、伊索寓言、三字經、弟子規；每個月還訂坐飛機空運來的台灣版巧虎，希望然然每個月收到包裹時，興奮的情緒可以提高他學習中文的興趣；甚至我車上一天到晚都放孫燕姿的國語歌曲，因為她咬字正確，發音清楚，歌又比較慢；這麼用心良苦，處心積慮之下，結果成效仍然不佳。

♪看哪個語言的DVD？

我評量的標準是「語言接觸率」，也就是在台灣看日文DVD，在日本看中文DVD。在日本，環境語言是日語，電視也是日語，所以規定我們家不能看日文的DVD，只能看說中文的卡通或是英文的湯瑪士。為了這一點，我和把拔幾乎都快翻臉了。他認為小朋友日文不夠好，要先加強把基礎學好。我則堅持中文的接觸率小，一定要中文模式，甚至要多聽其他國的語言，可以訓練耳朵的敏感度，把握語言的黃金學習期，將來在發音上的準確度才會好。而大人的耳朵和小朋友的耳朵是不同的；特別是日語中沒有的捲舌音，英文中的氣音S和

T，對日本人來說特別困難，很吃力，發不出音來。我大學時選修西班牙文，彈舌永遠學不會。雖然在日本有許多外國朋友說西班牙文和俄文，我常常聽，但就是學不會。

反之，回台灣時，環境語言是中文時，我自己就要切換到日語模式，跟悅然和悅生說日語。DVD就要看日文，電視一定準時收看NHK的幼兒節目。我曾買一套櫻桃小丸子的DVD，發現是中文配音，馬上二話不說，放進行李箱。講中文的小丸子只能在日本看。

♪日本漢字的「混亂」

然然升上三年級時，轉回日本讀書。我很擔心然然會有環境適應的問題。我先生說，班上有三分之一是保育所以前的同學。導師也跟我說，悅然君適應得不錯。

學校有請日語指導老師，每個禮拜幫悅然和另一個從美國休士頓回來的小朋友加強日語。在日本，因為從海外歸國的子女特別多，為了讓孩子儘快銜接上課程進度，即使是公立學校，也會常置一位專門指導日本語的老師。

老師告訴我，然然在寫漢字時，有時會混亂。雖然字意相同，日本漢字的寫法和台灣國字不同；例如學校的「學—学」，畫圖的「畫—画」，算數的「數—数」等等，日本是筆畫比較少的簡寫。

我很明確地告訴老師，悅然在日本就必須遵照正確的漢字寫法。但是這無關「對或錯」，而是語言因地不同。通常在糾正的過程中，我不會說「然然你寫錯了」，我會半嬉笑的說，「呵呵，你寫到中文字了啦。」問他兩個字寫法哪裡不一樣，用遊戲的要素，像是在兩個相似圖中找不同。

♪然然寫的書

我鼓勵然然可以把兩個字比較的結果，教那位中文比兒子差的把拔，或是分享給日本老師和同學知道。後來，然然哥哥還常寫二十頁的「書」，把這些字的中日寫法對照出來，加上插圖。他說書名叫做：「你知道嗎，這個字的中文怎麼寫？」還有分好幾集。

台灣正體字才是所謂的正統，現今日本漢字的古字，經過簡化演進成現今所使用的字體。然然很得意的考同學知不知道，老鷹的「鷹」漢字怎麼寫？在日本，因為鷹的筆畫太繁複，所以通常只用假名「たか」。偶爾**寫台灣生字練習簿時，我會請然然在旁邊寫上日語的讀法和寫法，加強比較，也加深兩邊的印象**。我發現小孩對雙語其實並不會混亂，只要大人在引導的過程中，清楚明確的比較出兩國差異。我幾乎是用像行銷洗腦的手法，讓他們覺得會中文和日文兩種語言，是一件很酷的事。這個優勢是與生俱來的，班上的其他同學都沒有機會。

♪大腦自動語言切換

然然跟爸爸說日語，跟我說中文，他會依照說話對象而大腦自動轉換，從來不會混亂。連九九乘法，他也會看是台灣或日本的測驗卷，而用那個語言計算。大概就像我們在高雄菜市場買東西，很自然就會跟賣菜的歐巴桑說台語；到超市大賣場時，付錢的時候就自然地說國語。

對有兩個混血兒子的我來說，雙語教育不是一條簡單的路，但是一個最重要而有意義的挑戰，讓悅然和悅生對台灣和日本雙方都有認同感。

我在等坐飛機，帶著我的阿Fu寶貝要去找媽媽。

22. 混血兒雙語教育的挑戰 II

二〇一一年三一一地震的時候，我是帶著悅然和悅生連夜直奔機場，逃難回台灣的。雖然是外婆家，但是兩兄弟幾乎都不會說中文。我什麼行李也都沒帶，身上只有護照和機票。

因為不想傳達不安和憂慮給孩子，我跟他們說，臨時決定要回台灣玩。但環境不熟悉，周圍的人講話都聽不懂，認識常一起玩的日本小朋友也不在，甚至吃的飯、喝的水味道也不一樣，我可以察覺到他們隱約的不安。

♪營造熟悉的日語言生活環境

隔天我到專賣日本物品的裕毛屋，採購了一大堆日本的醬油、餅乾、蕎麥麵等。結帳的時候，碰到朋友慧萍，她看到我嚇一跳，「妳回來了，我還在擔心呢。」我帶著泛紅的眼眶點點頭。她恍然大悟地看到我狂買一包又一包的日本產品，臉上的表情也沉重了起來。沒有人知道輻射的影響會波及多大，日本製的東西暫時是沒辦法再買了。

那陣子我最感恩的就是，台灣也看得到NHK的節目，只有在這時候，我感覺到悅生如魚得水，開心地跟著電視哼哼唱唱他熟悉的歌曲。會說流利日語的偉喬學姊邀請我們去她家玩，用日語和兩兄弟聊聊天，陪他們看日文繪本。我政大的學姊秀子和學妹靜喆也在第一時間，特地南下搬來日語小叮噹DVD，和一系列宮崎駿的卡通。我也大手筆的到玩具反斗城，買了好幾組TOMICA的玩具，全方位的營造他們兩個熟悉的日語氣氛。

一個月過後，輻射的隱憂仍在，於是我辭掉教育局的工作，決定讓要升大班的悅然和快三歲的悅生留在台灣一陣子。

♪終於會說中文了

很神奇的事發生了，原本兩個人都不太會說中文，但是短短的幾個月，進步神速，幾乎可以用全中文溝通。語言真的需要環境，尤其是對小孩來說，學習語言的吸收迅速，真是到了令我羨慕的程度。我多年來引頸盼望的事，終於發生了。雖然契機是悲愴的，但原來老天爺是眷顧著我的。

♪建立對新環境的喜愛和認同

一個語言要進步的快，關鍵在於喜不喜歡，有沒有心想要學。對生為台灣人的媽媽我來說，除了讓悅然和悅生學會說中文，還要讓兩兄弟對台灣有認同感。於是我使出渾身解數，像親善的外交大使般，天天帶著他們吃喝玩樂。

平常逛逛一中街的文具店，還有什麼都有的便利店。我們幾乎每周到科博館報到，看恐龍展覽，玩科學實驗，最後去麥當勞兌換免費的小薯條。我們也常去美術館看繪本，在外面跑一跑，再去春水堂找當店長的舅媽吃東西。

我先生來台灣時，我們就一起帶著對交通工具有狂熱的悅然和悅生出遠門。坐台鐵去彰化看大佛，搶秒殺的普悠瑪去花蓮天祥太魯閣，坐高鐵去高雄義大世界，去阿里山搭小火車看日出雲海，到台北坐捷運去一〇一，到我大學同學位於六十幾樓的辦公室，吃冰淇淋；去木柵動物園看熊貓，順道讓政大的老師看台日混血兩兄弟。跟悅生幼稚園的同學祥太一家人，坐飛機去澎湖，看海、玩沙、烤肉。還有一起坐「大台」的巴士去採草莓，摘荔枝，看螢火蟲。當然不能錯過小朋友最愛的遊樂園：麗寶樂園、馬拉灣、六福村、小人國。

最開心的應該是我先生了，從學生時代認識我十幾年，來台灣將近二十次，他幾乎沒有「觀光」過。唯一就是去日月潭涵碧樓拍婚紗，還有一次是從松山機場飛回日本的時候，順便在台北過一夜。這段期間，託兩位小朋友的福，可以遊遍台灣，他感到非常幸運和樂不可支。

而對兩位小朋友來說，台灣真是太讚了！潛移默化中，基本的中文溝通能力很快就沒有問題了。因為對大環境喜愛，所以也想盡力學語言，聚精會神的聽別人在說什麼，哪裡有好玩的地方。

♪在台灣看電影學英文、日文、中文

我小時候，父親上班的銀行經營了三廳電影院和遊樂場，所以我很常看電影，幾乎到了天天看的地步。因此，認識很多國字，學英文的時候，也被誇獎說「語感」還不錯。

我相信大量的影像和文字會刺激大腦，所以對悅然和悅生，我也積極的帶他們去看電影。基本上只要有適合的兒童電影，我一定不會錯過。

第一次在台灣看的是「皮卡丘」，電影院的售票小姐好心提醒我，「是日文原音的喔。」我很客氣的回答，「還好是日文，他們兩個才看得懂。」

看「航海王」時，旁邊的觀眾也投以些許羨慕的眼光，看著兩個小小孩看日語原音，似懂非懂地很投入；很多日本人才懂的笑點，只有他們兩個咯咯笑得最大聲。

後來看迪士尼「玩具總動員」時，因為是英語發音，我觀察到，當時小一的悅然比較有抵抗力，會覺得自己看不懂。但是悅生完全入迷，沒有什麼懂不懂的抱怨。

我恍然大悟，對小小幼童來說，即使是母語都沒辦法百分百完全懂，所以中文、日文、英文，看什麼都是差不多的。而且基本上卡通的故事情節都不會太複雜，語言表現並不是全部，可以從動作或畫面上自己去推理了解。當然要比平常更加專心才可以看得懂，也是輕鬆間接的培養專注力和外語能力的一個妙招。

♪悅耳的中文對話

看到自己的小孩終於會說母語，欣慰的程度不在話下。比起他們以前唱那些我沒聽過的日本兒歌，聽到他們唱台灣的兒歌，更覺得很親近，樣子也格外的可愛。

然然上學一個月後，從學校回來就會念：「悅生的心情我了解，看到辣妹流鼻血，看到半夜十二點，發現作業還沒寫。」

我聽到不禁哈哈大笑，雖然知道是不太好的話，但是非常感動，我兒子的中文可以背的這麼流利，我終於等到這一天了。我多年來背負的使命，總算有些如釋負重。萬事起頭難，有了好的開始，接下來就是回到日本之後，得持續不間斷的功夫了。

現在，然然已經可以自己讀中文的故事書，學校四百字的閱讀測驗也都可以輕鬆答對。悅氏兩兄弟的對話也幾乎都用中文，聽起來真是「悅耳」。不過，回北海道時還曾被歐記醬小抱怨說，「他們兩個在講什麼呀？聽不懂還真是有點さびしい（sabishi 寂寞）呢。」

悅生寶寶的國際觀

台灣的電視有三、四個卡通頻道，而且一天二十四小時播放，因此悅生常一直拿著遙控器不放，沒有輪到我掌控的機會。我想轉台看看新聞，只好遊說他，「你看新聞很好玩耶。」然後用他可以懂得簡單語言，說明新聞的內容。悅生漸漸對新聞有興趣，因為會出現他喜歡的車子、飛機、高鐵等等的畫面。

氣象報告的衛星雲圖會動來動去的雲，也很吸引悅生，因為可以預知周末會不會下雨；要是下雨天，就有機會穿上他心愛的黃色雨鞋和小青蛙雨衣。有一次新聞報導颱風的大雨把車子都吹走了。他很好奇車子為什麼會浮起來？然後就跑去看看我貼在牆上的台灣觀光地圖，或去轉轉書桌前的地球儀，想知道是在什麼地方發生的事？

我在浴室裡貼了一張各國國旗的防水海報，悅生也會找一找剛在新聞看到的國家在哪裡、它的國旗長什麼樣子。倫敦奧運開場的時候，看到他認識國旗的那個國家的人，長得跟自己很不一樣；很興奮的發現，原來外國人除了美國人，還有分好多種。悅生看完所有的國家進場之後說，「沒有台灣耶，只有說中華台北。因為台北一〇一很有名的關係嗎？而且國旗也弄錯了，跟學校裡的不一樣，不好看。」

蘇聯冬季奧運時，悅生特別喜歡看滑雪比賽，大概是選手滑得很快，就像卡通一樣。他跟把拔很興奮的預約，半夜一起爬起來看日本選手上村愛子的比賽轉播。悅生還告訴我，因為有「時差」的關係，所以雖然比賽在白天，但是他必須要半夜起床。

悅生從小愛車子，去看F1三天賽程都比我還專注。

23. 放下

然然是我的第一個孩子，所以我凡事緊張兮兮，保護得很嚴密，一天二十四小時，幾乎都處於精神警戒狀態，弄得自己疲憊不已。我從小一位很熟的男同學在法鼓山出家，法師聽到我因為帶孩子壓力很大，情緒起起伏伏，好心地告訴我要「放下」。

當時，我一點都聽不下去，還很不客氣地說，「你又沒當過媽媽，你不會了解當媽媽的心情和苦處，你一點都不懂啦，才會說好聽的風涼話。」

法師很幽默平靜地回答我，「對呀，我沒當過『媽媽』，這輩子是一定沒辦法的。」

悅生出生之後，我漸漸學會放心、放手。老實說，因為事情太多太繁瑣，**現實狀況讓我不得不放手時，結果反而很多事情水到渠成，一切都很順利順心**，一點都不費力也不費心。「老大照書養，老二照豬養」這句話真是經典。

我們家的豬小弟悅生，很早就會自己拿湯匙吃優格，而且也不會把桌子弄得黏黏髒髒。可能因為媽媽忙，若是自己不餵自己，他大概就要等（餓）很久。不知不覺中，我發現悅生開始在家裡走來走去了。突然有一天，就看到悅生自己拿筷子把一碗白飯吃光光。他整天笑咪咪的，很得人緣，是個開心的孩子。

因為悅生的關係，我突然領悟到，好像不是什麼事都那麼嚴重，他像是天公伯派來的小天使，告訴我，我需要放下，沒有必要樣樣都爭第一。什麼事情不一定要做到最好最完美，不完美也可以很快樂。孩子比我們想像的堅強。自己的心情放鬆了，周圍的氣氛也變緩和，孩子學習過程反而更順利。也許我們當媽媽的真的需要「放下」，不僅是為了孩子，更是為自己好，干涉太多或過度操心，有時會帶來反效果。

♪推動孩子的力量是信心，不是擔心

日本家附近有一個平衡木，然然三歲的時候，每次我和他散步經過時，他就想要嘗試走一走。我很怕他會跌下來，一直用擔心的眼神，「小心，小心，不要跌倒喔。」結果，一說完，他馬上失去平衡就跌倒了。

後來有個星期天，我去超市買東西，然然跟爸爸兩個人去走平衡木。他一個人小心翼翼地踩著不穩的步伐往前走，我遠遠地從超市門口看得心驚膽跳，而我老公竟然在一旁低頭滑手機，我跑過去正準備要發火，「你有沒有在看小孩呀？」

然然剛好走完最後一步，很得意地「蹦的」一聲從平衡木跳下來，跑過來跟我說，「媽媽我成功了！我終於成功了！」

我彷彿受到一記當頭棒喝般，把要罵的話吞回去，**推動孩子的力量是相信，而不是擔心**。

我想挑戰走長長的平衡木

平衡木還真的有點長有點兒可怕

やった！我終於成功了！

♪日本不流行罵小孩

在台灣，我去美容院，大家聽到我先生是日本人時，好像都背好同一句台詞似的，「我有去過日本耶，東西好好吃，什麼都好想買。還有我發現日本的媽媽好像都很溫柔，很少罵孩子，是嗎？」

是的。日本還真的不流行罵小孩。台灣人真是觀察入微，觀光購物順便觀察親子互動。的確，日本媽媽講話小小聲，溫柔又有耐心，孩子因為從小耳濡目染，講話也比較輕聲細語。日本媽媽很少在公共場合大聲斥責孩子，會給別人來困擾，違反日本的品格教育大原則，要處處替別人著想。想想如果有情侶到餐廳約會，看到隔壁桌的媽媽在生氣，罵完孩子，順便罵一下身旁一副事不關己的老公，氣氛一定很難浪漫起來。

碰到這種情形，我倒發現一個好處，就是可以狐假虎威。我會用日文說，「ほら、隣のお母さんが怒っているよ（你看你看，隔壁的媽媽在生氣了）。」這招非常有用，因為他們兩兄弟，比較少看到有人大聲說話的樣子，

嚇得目瞪口呆，一句話都不敢多說，飯菜吃得乾乾淨淨。

我和我先生從大學時代就認識，他也嘗過苦頭，很清楚我的脾氣。回台灣的時候，在飲茶酒樓或是到飯店吃自助餐時，看到太多台灣母子演出的震撼劇，深怕我發揮相同的潛力。所以每當我說話稍微比較大聲一點點的時候，他就會飛奔過來，連忙說，「怎麼啦？我來處理，有事慢慢講喔。」生怕我火山爆發，岩漿到處流，波及大大小小，趕忙要消氣滅火，把我隔離開。其實，中文說起來，就是說話比較中氣十足而已，他也太緊張了。

♪ 用誇獎代替責備

日本有句家喻戶曉的諺語，**「褒めて伸びる」**，**用誇獎讓小孩成長**，幾乎是被教育界奉為圭臬的金玉良言。我後來聽從我先生的建議，選擇用誇獎代替責備的原因是，罵沒有用，只會一次比一次更大聲。不能動手打，因為孩子會模仿。然然兩歲的時候，我已經忘記是為了什麼事，生平第一次很生氣地打他的手，「不聽話，媽媽打你。」

幾個星期之後，有一次我跟他說，不能再喝養樂多了。然然忽然伸出小手拍打我的手背說，「不給我，我打妳。」我當場簡直是晴天霹靂，溫馴的小孩子怎麼會說出這麼有威脅性的話。

我深深地反省自己，這是模仿我的。從此決心不打小孩，動手打沒有用，我怕會讓然然變得有暴力傾向，誤以為這是可以表達憤怒，進而為所欲為，拿來當解決問題的方法。

我公公從我結婚前，就一直非常和顏悅色，從以前到現在，幾乎都沒有管過我的任何事，也不隨便給意見，都很尊重我的想法。唯一我曾被嚴正地說過一次，就是我對然然太兇了。大概是看到他在練鋼琴的時候，我非常嚴厲且大聲的指正他。我公公說，「媽媽應該是溫柔的。媽媽的角色就是溫暖的。」這雖然是有點老式傳統昭和的想法，但仔細想想，也不無道理，我應該要學習放下，不須執著。那黑臉壞人就讓他兒子當好了。

24. 如何放下

說得容易做的難，剛開始我也不太會用所謂的「用誇獎代替責備」，氣都氣炸了，哪還有閒暇再冷靜下來，誠心誠意的誇獎孩子一番呢？經過一些時日的摸索，觀察然然日本幼稚園老師的示範，我終於悟出了幾個獨門訣竅：

招數一：睜眼說瞎話

舉例來說，「然然，你這個『我』，有記得勾起來，好棒喔。你的『門』寫得好直喔，這個門地震一定不會倒下來。」其實，生字本上的「我」根本忘記勾，「門」也是斜的。很神奇的，他馬上知道哪裡不對，很快的改過，從此以後牢記，再也不會犯第二次錯。

睜眼說瞎話的招數，用在吃飯太慢時也很有效。比如說，他明明吃了半小時，飯都含在嘴裡，碗裡還有三分之二時，我就會按耐住脾氣說，「哇，快吃完了耶，剩下兩口而已。」很神奇的，然然會真的覺得只剩兩口，不到三分鐘就吃光光了。

招數二：故意裝笨

在孩子面前不用怕犯錯，遇到不知道的事最好，可以增加孩子的自信心，讓他覺得連媽媽不知道的事情，我都學會了，很有成就感。比方說，寫「林」字時其實兩個木不一樣大，部首的木要寫比較小。當然然告訴我這件事時，我並不知道，所以他非常的得意。從此以後，他寫國字就會很注意大小結構，左右平衡。也許是這樣，後來他學書法也能馬上進入情況。

招數三：只看到好的

我在日本國中教書時，第一次批改學生的模擬試題，日本老師教我把對的圈起來；然後算得幾分。這個思維跟台灣很不一樣，台灣是打X（錯的），看錯幾題扣幾分。**在日本「滿江紅（被圈很紅）」才是得高分的考卷**。剛開始我覺得這只是算數習慣的不同，用加法還是減法算成績的問題，後來我發現**這反映出教育理念不同**。

我由此得到靈感，然然寫生字或是悅生練習阿拉伯數字，拿給我看時，我只圈寫漂亮的，醜醜的我就「當作沒看到」。寫得最好看的會圈成花朵或是愛心型。同時，我會問他們本人的意見，票選哪一個字最好看？因為一行字小朋友通常寫到最後，就會開始亂寫。有時候他們自己覺得好像不太漂亮，還會自動擦掉重寫，字越寫越端正。

尤其是悅生，從開始握筆學寫字就被我「胡亂誇獎」，不論阿拉伯數字、注音、國字或是日文五十音，甚至英文字母都一筆一劃，寫得很整齊，這個方法果真奏效。真正有寫不對的，我也不會說是「錯的」打XX。我請他看仔細，比較一下，找哪裡不一樣，就像**找兩張相似圖哪裡不同的**遊戲心態。

悅生變得很喜歡讀書寫字，有時候筆順不對，我就說我「當作沒看到」，不讓他擦掉重寫，他也會很感恩的，知道僥倖逃過一劫，因為我的慈悲，所以下一個字的筆順就改正過來了。

睜眼說瞎話，壞的當作沒看到，學會「放下」，學習氣氛愉快，整個磁場也跟著圓滑順利。日本腦神經科學家一再強調，**在快樂的氣氛中，腦的記憶力會特別好**。

♪被灌迷湯的書法課

然然哥哥的字寫得很端正，一年級的時候，他的書法通過日本的檢定，得到過銅賞。在台灣也很幸運地受到書法名家的指導，來上課的每位都是書法高手，美展比賽的得獎者或是學校的美術老師。然然是唯一的小小孩，很得大家的寵愛，每個人經過他的位子都會教他一下，誇獎他有天份。

因為然然常常被周圍很厲害的人誇獎，上書法課變成他每周最喜歡的事，因為不是兒童才藝課，所以當然沒有糖果、餅乾、獎品、集點卡等誘因，但是然然哥哥上得很開心，總會很準時的說，「我們去上書法吧。」我也很驚訝然然才一年級，除了大楷以外，還會寫小楷，在九宮格的小小格子，寫出他所有認識的國字。他可以很專心地寫一個多小時，連洗手間都不用去，寫到手上臉上全是墨汁。

♪聯絡簿事件

但是不知道為什麼，然然的學校聯絡簿總是亂寫一通，字體歪七扭八，日期常常忘記寫；上日僑學校這樣，上台灣小學也是一樣。我提醒他時，他很爽快地答應說好。可是隔天又是一樣。用罵的，隔天也沒改善。

我心想書法可以寫出那麼秀麗的字，聯絡簿竟然亂寫，態度真是散漫，不可原諒，為什麼不聽我話，行為太挑釁了，自己越想越氣；但越罵狀況越嚴重。終於有一天，說出了最不應該說的話，「你的字比悅生還醜。」他哇地一聲嚎啕大哭，很少看到他哭得這麼傷心，從此我也舉白旗投降。這個問題無解。

我現在回想，我當時那麼執著，也許不只是因為然然的字寫不好看，而是我自己吞不下這口氣。我認為字寫整齊很重要，我先生認為沒關係，小地方不須拘泥，聯絡簿事件他一直覺得不是大問題。

升上三年級，然然回到日本，我打開他的日本聯絡簿，發現他還真的原則一貫，中文換成日文也一樣沒有日期，字歪七扭八。

導師的評語是，「再加油會更好喔。」這日式教育真是太、太、太客氣了。

然然看到我在看他的聯絡簿，神情變得有點緊張，我深深地吸了一口氣，滿臉堆滿微笑的說，「重寫囉。」他也很聽話的重寫，不到三分鐘就寫得跟印刷一樣漂亮。我看完，簽名畫上笑臉，非常滿意。

原來不需要大道理和生氣，只要叫他重寫就好了，三分鐘就可以簡單輕鬆解決的事，順便再練習一下，非常有建設性，比我在那邊說長篇大道理來得實際。不過，隔天放學回來，還是一樣歪七扭八的字跡，而且故意跳下一頁寫，想必是不想讓其他同學看到重寫的部分。

我還是如法炮製，深深吸了兩口氣，堆滿微笑的一邊找其他話題說，「你明天要帶長袖、長褲上著衣游泳啊，我去把衣服找出來。」一邊若無其事的說，「來，重寫喔。」心裡提醒我自己，法鼓山的朋友教我要放下，不可動怒，雖然我是為他們好，但是可憐的是兩位小菩薩。教育畢竟是一條需要堅持而且長遠的路。

第三天，然然終於拿著字寫得端端正正的聯絡簿，高興地跟我說，「今天第一次被老師蓋到三個刻『讚』的印章，就是等於在台灣甲上上的意思喔！」

我很替然然高興，也很替自己高興，並且很得意的在我先生面前炫耀。我了解到原來然然不聽話不是故意的，也不是想和我作對，只因為他是一個獨立的個體，我們有各自的行為模式，硬碰硬會兩敗俱傷的，**唯有當媽媽的學習放下，孩子的前途才會更海闊天空。**

媽媽說看看天空就會有好心情。

把頭抬起來，心就放下了。

25. 我想當優雅的媽媽

♪ 等待的功夫

我的口頭禪是「用頭腦想一想」。每當悅生問我一件事情時，我不先直接給答案，會請他「用頭腦想一想」。即是不對，也不要急著糾正，給孩子面子。時常自己會沉不下氣，但這時我強迫自己裝優雅，想像自己正在台東金城武那棵樹下喝茶，眼前是廣闊的原野天空。

優雅秘訣1：不否定任何的想法，給孩子留面子大人不喜歡被指責，小孩子也一樣，有自尊要面子。有時候大人被否定，會覺得心裡不舒服，我想小朋友應該也是。然然有時候事情做不對，我盡量不直接指出錯誤的地方，尤其是在把他當英雄的弟弟面前，他會難為情。同樣的，悅生也不想在自己的英雄面前被罵。

我的角色好像是經紀人般，塑造英雄哥哥影響弟弟的行為舉止，讓大明星然然能夠在粉絲悅生前，有最出色的表現。因為悅生崇拜模仿大明星然然，因此然然會更努力表現好，小粉絲悅生也會想跟著模仿，希望能獲得偶像的肯定。這樣的良性循環，讓很多事情順水推舟、不費吹灰之力就搞定兩兄弟，我就只要在旁邊微笑點頭喝拿鐵。

優雅秘訣2：把責任推給老大

我家有一個跟補教名師一樣厲害的然然老師，悅生的123、ㄅㄆㄇ、あいうえお，甚至於算數的加法和如何看時鐘，都是媽媽教不會，再到然然老師那裡補習學會的。

這是三贏的局面——然然融會貫通、悅生迅速理解、媽媽輕鬆愉快。而且對然然來說，是一個再好不過的訓練了。自己會一件事和會教別人程度是不一樣的。有能力教別人，要真的融會貫通才有辦法。然然一邊和悅生說明123加減的過程，一邊加強了他自己對數字的思考能力和邏輯。為了讓悅生聽得懂，然然老師會想出有趣的比喻，或是他們小朋友特有的表達方式。悅生比較喜歡然然教他，因為角色扮演的情境下，覺得很好玩像是在玩遊戲一樣；然然也因此很有成就感。我誇獎然然，「你比媽媽還會教，悅生都比較聽你的話耶。」

最難能可貴的是，然然當老師時，對悅生非常有耐心，從不生氣，一次又一次地反覆說明，比我還沉得住氣。我請教他為什麼有辦法？

他回答說，「因為以前媽媽教我時，一生氣大聲起來，我就聽不清楚，變得不懂媽媽在說什麼了。」

真是如雷貫耳呀，原來我一直忽略小孩子真正的心聲，也真正體認到生氣是沒用的。

♪反覆學習效益倍增

悅生很喜歡一組麵包超人的拼圖，因為常玩，似乎在練習中找到技巧，會用顏色或形狀去判斷，可以越拼越快。我有時候會和他一起拼，一人輪流一片；有時他跟然然一起玩計時比賽挑戰。我發現拼圖不用買很多組，只需要買一組符合孩子程度的片數，讓他反覆拼反而學習效果更好。

在某些方面，我自己是個喜新厭舊的人，喜歡變化創新的事物。我以為小朋友也會跟我一樣，所以絞盡腦汁，老想要變出新花樣，引發學習的動機。其實不然，我發現小朋友喜歡自己熟悉的東西，抱同一個破破舊舊的熊寶寶、同一本書可以看很多遍、同一片DVD可以看幾十次、同一首歌可以一直聽。

我有一位朋友是專門研究兒童青少年的心理醫師，來我家玩時，看到然然目不轉睛地一直反覆看同一片日本巧虎的DVD。她告訴我，孩子需要熟悉帶來的安心感，而安心感會奠定學習的信心。我聽了恍然大悟，而且暗自竊喜，那不就不用一直花錢買新東西了。

♪「飢餓行銷」與「限定發售」的吸引力

我最近再次驗證了「飢餓行銷」的影響力。之前雷神巧克力爆紅，數量有限，到處都買不到，新聞播出大家在大賣場搶購的模樣。

等到我從日本特地帶回聽說台灣買不到的雷神，結果又看到新聞報說，雷神滯銷，台灣超商即使放在結帳櫃台最明顯的地方，也沒有人要買了。

我一直相信飢餓所帶來的渴望力量，這同樣可以套用在學習上，巨大而無法擋的。我自己小時候非常愛看書，但是兒童書並不多，每本都看了好幾遍。看完之後，沒有書可看，翻遍我姊姊書櫃上厚厚的文學名著，連瓊瑤也一起讀。但是，等到自己長大有能力買書的時候，書櫃上有好幾本都是還沒看的。我覺得書不一定要買多，重要的是要真的看過。我有時甚至故意吊兩兄弟的胃口，他們想要的書不馬上買，增加他們對書本的珍惜及閱讀的喜好。

♪規律的生活節奏：1、2、3的SOP

歐巴醬非常重視小朋友要有規律的生活，其實我發現，若是養成在同一時間做同樣的事，這樣媽媽就會很輕鬆很多，而且腦部發育會更健全。我常常幫悅生把需要做的事編號1、2、3。比方說，早上起床：1.尿尿。2.刷牙。3.換衣服。每天晚上一到八點整，在加班的把拔就會打電話來道晚安（歐亞斯咪），稽查兩個人睡覺了嗎？我為了製造氣氛，讓悅然和悅生在手機選一首歌，設定晚上八點就會開始唱，聽到這首歌就知道要準備睡覺了。和孩子一起共同設定某件事很重要，這樣就表示是雙方都同意的事項，而不是媽媽單方面的壓迫，意義及情願度是迥然不同的。養成習慣後，不用三催四請，自然而然的，他們就會準備上床睡覺。

念書的時間也是一樣。我規定然然小學放學回家，就是1.洗手，2.寫功課，3.收書包，然後就隨便玩，玩到心滿意足。我強調「應該要做的事先做」，這樣玩起來才會痛快，才是真正的玩到飽，不然一邊牽掛哪一項作業沒寫，或是明天要準備的東西，就會玩得不盡興。星期五放學後，我也會讓然然完成所有的功課，準備好星期一上學要用的東西之後，就放任他可以一直玩兩天。我自己也可以收工，專心寫稿，不用再一直牽掛孩子的事情。

♪建立成就感，量少才剛好

然然和悅生寫練習本的時候，基本上我出的功課都很少，少到讓他們覺得一下子就可以完成，所以叫他們去寫功課的時候，不會有反抗，反正五分鐘就寫完了，有時候心血來潮還會自己往下一頁寫。雖然量很少，但條件是一定要全對。

我會讓然然清楚的知道，與其錯擦掉再改再寫，還不如認真專心寫，一次全對最快速。橡皮擦是搗蛋鬼，最好不要用到它。它會讓你花時間，又會弄得髒髒的，有時還會弄破紙。尤其是算數，持續是最重要的，每天固定算二十五題，輕鬆完成，比偶爾一天算一百題，算到小孩哭、大人氣來得有效率。

♪ 告別狼狽的我

有次回台灣，國文老師毓秀來看我，回去之前，她拍拍我的肩膀說，「慶玉加油，妳狼狽的日子很快就會過去了。」

我愣了一下，趕緊到鏡子前仔細瞧瞧自己，明明就有化妝啊，怎麼會看起來很狼狽不堪？

我發現狼狽的原因是，我過度執著，沒辦法放下，然然也被我弄得疲累不堪，悅生寶寶也跟著我團團轉；學著放下心之後，多給自己一些時間放鬆，想像自己是優雅的，生活步調也跟著輕快起來了。

26. 幼吾幼以及人之幼

♪貼心的小朋友餐

日本有所謂的親子餐廳，是專門讓爸媽帶小孩去的。悅然和悅生都很喜歡去，因為餐具碗盤都設計的很可愛，連桌上的餐墊紙都可以畫畫著色，或是玩迷宮之類的遊戲；菜單也都是符合小朋友口味的餐點，總之各項貼心的設計是為了讓小朋友安靜下來，爸媽可以好好吃頓飯。最主要的還是因為價錢合理，因為日本物價高，在外面吃飯花費高，所以很少帶孩子在外面吃飯。

但是身為貪吃鬼的我，很常帶悅氏兩兄弟到餐廳吃飯。店員會很親切的搬出小朋友的椅子和專用的可愛餐具。兒童餐「お子様ランチ」，就是新幹線或是飛機的餐盤，裡面有小朋友喜歡的炸蝦、漢堡、薯條、飯糰、義大利肉醬麵，還有果汁、冰淇淋等甜點。

最吸引孩子的是，店員還會拿一籃玩具，讓小朋友們自己選一個帶回家。雖然每家店的兒童餐大同小異，但然然和悅生就是吃不膩，去到任何地方，都想要點兒童餐，主要是看上有玩具可以拿。

♪替別人著想，社會容忍度高

整體來講，日本社會對孩子的容忍度比較高。周圍的人對小朋友很親切，尤其是買東西的時候，店員都會笑咪咪地跟悅然和悅生搭訕一、兩句話，「お利口さんだね（真是乖巧聰明的孩子）。」簡單的一句話，讓我在帶孩子的過程中，減少許多精神上的壓力。

我觀察到一件有趣的事，在日本，偶爾有小孩不乖，店員不想沒禮貌罵人被炒魷魚，隔壁桌的客人也是風度很好，各自吃自己的飯，當作什麼事都沒發生。也許整個餐廳的安靜氣氛，讓孩子覺得自己很突兀，馬上就乖乖了。

♪坐電車的乖寶寶

我常帶悅然和悅生旅行，坐長時間的電車，他們悅氏兩兄弟從小到大，幾乎很少吵鬧過，因為媽媽是有練過的。分享我的經驗給大家參考：

第一，我會選擇最前或最後一列車廂，讓他們可以看到駕駛開車的樣子，還有窗外前方的軌道。若是一般的位子，可以讓他們脫鞋子，看看外面就不會無聊。

第二，眼睛到處看看，四處觀察。比如帶著他們看電車內的廣告，「哇，那瓶新飲料看起來好好喝。」、「那棟大廈看起來好酷喔，真想住在裡面。」

第三，百寶袋。出門時，我通常會讓他們帶一、兩個小玩具，這時就可以派上用場。

最後真正不行，只好拿出餅乾或是小軟糖。我堅持自己不滑手機，因為我一看手機，他們就會開始作亂。

♪ 小孩金牌

在日本帶著小孩走在路上還有一個好處，就是周圍的人對你的警戒心幾乎等於0，一個看起來很累的媽媽，和一個話講不清楚的小小孩，一點威脅性都沒有。以前單身一個人走在東京街頭要問路時，大家會閃開，以為是要發面紙推銷東西。但是牽著一個小小孩，大家馬上會自動停下來，問需要什麼幫助。

雖然帶孩子很辛苦，但是很多時候託悅然和悅生的福，還享受到不少禮遇呢。我和把拔這樣說的時候，他也非常同意。

旅行坐飛機也是，帶著小孩可以有親切的待遇。悅生很喜歡飛機，對飛行員很嚮往。每次坐飛機遇到機長時，機長都會停下來摸摸他的頭，送他貼紙。悅生三歲時，有一次和他爸爸坐商務艙回日本，外國機長還讓他進去駕駛艙坐一下。爸爸因為自己有飛行員執照，會開飛機，所以能看到747駕駛艙，興奮的不得了，簡直比悅生還開心，跟我敘述時都語無倫次，可能是一輩子最難忘的回憶之一。我心想，有那麼讚嗎？也許就像是有天搭飛機，發現王力宏跟金城武一人坐我一邊一樣吧。

♪同理心

我很了解當媽媽的心情和辛苦，小孩吵鬧時一邊很氣，一邊還要擔心旁邊的路人甲怎麼想。眼光不敢相對，怕會被瞪白眼。

也許是將心比心，**我遇到對著小孩吵鬧卻束手無策的媽媽，都會報以微笑，跟她說沒關係，不要在意**。希望能減輕一點她心裡的壓力。

而很多時候，小朋友突然聽到有陌生人和自己的媽媽說話，會好奇地轉移注意力，反而會安靜下來，一時忘記繼續哭鬧。

♪「110番、子供の家」社區人士共同保護學童

在日本很多的商店，都會在玻璃窗上貼一個「110番、子供の家（110號，小朋友的家）」的貼紙或是門口插一枝旗子。孩子上學走在路上，有需要幫助的時侯，看到有這個標誌的店家，都可以進去尋求幫忙。

這是由日本全國警察署及各縣市志工組成的守望相助隊，幼吾幼以及人之幼的精神，讓父母師長放心許多，也減少了許多犯罪的機會。日本各地也都有小小的派出所「交番」，裡面的警察都對小朋友很和善而且很帥氣，隨時隨地保護孩子的安全。

♪為孩子創造優質的藝術人文氣息

在日本，有一次美術老師告訴我，法國的學校如果班上孩子想要臨摹學習某一幅名畫，不用看美術課本的圖片，直接寫信給美術館，館方就會把那幅畫

寄到學校，非常重視培育孩子的藝術鑑賞力。法國人相信，在美術的領域裡，欣賞真跡和印刷出來的照片是天壤之別。就像光看料理的照片和真正品嘗味道，所得到的感官經驗是截然不同。難怪法國的藝術成就和美學鑑賞的能力是世界頂尖，帶領設計、時尚、建築、美食等各領域的風潮。整個歐洲人文薈萃，藝術的教養是靠社會大環境的潛移默化，不是單純個人的畫畫技巧或是彈鋼琴的能力，讓音樂藝術真正融入生活，生活就是藝術。

日本相當注重孩子自小的美學培養，日本設計的東西都很有美感，讓人愛不釋手，每樣都想買；坐在電車裡，看到男男女女，每個人的穿著也很有品味，就連阿伯阿嬤也都穿戴得整整齊齊。

我很喜歡旅行，到每個國家都會去參觀美術館，並不是對繪畫美術特別有鑽研，只是很喜歡在美術館裡的氣氛，感受色彩，感受歷史，感受創作者的心路歷程，猜想他們想表達的情緒。雖然有時語言不通，但很少覺得拘謹不自在。台灣建築宏偉的美術館裡好像少了些什麼，我們要準備些什麼給下一代，才能創造優質的藝術人文氣息呢？

27. 在日本當老師不輕鬆

在日本廣告界打滾十年後，因緣際會受聘於日本筑波市教育局，指導中小學的英語教育。筑波市的學力測驗，年年排名在日本全國前三名，是有名的教育特區。

我有固定座位在國中的教師辦公室，每天和學生從早到晚一起作息。除了國一到國三的課程外，還要訪問附近學區的二、三個小學。每三個月輪換一組學區，總共教過全市十多所國中，和三十多所小學，也就是說全市小五到國三的孩子，都應該上過我的課。有市中心的升學競爭校、國外研究人員集中的國際校，也有山上風景秀麗的自然校，和走在田間小路上學的農家勤奮子弟。我接觸到各種不同學校風氣，深入觀察體驗到日本的學校、老師和學生。

我第一個驚訝及失望的地方就是，日本的老師沒有寒暑假。雖然學生沒有暑期輔導，但老師們還是得去學校忙東忙西。平常上課期間，一大早就要先站在門口，打招呼迎接學生進校門，就算是冷颼颼接近0度的冬天也不例外。傍晚學生回家時，也得站在校門口一一道再見。日本送迎的功夫非常講究，尤其是住日式旅館，媽媽桑會穿和服跪在地上，拿著拖鞋迎接客人。

♪ 有情有義的日本學生

我自己在日本的教育現場所得到經驗非常寶貴，除了觀察比較台日兩國的教育理念和模式之外，和日本學生朝夕相處的經驗，更是我很重要的回憶。我家裡有一個大箱子，裡面放的全都是學生給我的信件和小禮物。手繪的信件、紙鶴、圖畫，每次離開一個學校時，都難分難捨，也常常有驚喜送別會，比如全班合唱一首歌送給我。

有個五年級特別頑皮的孩子，也在數個星期之後被我馴服，和我變成好朋友。我最後一次上課的時候，他用一副滿不在乎的樣子，要送給我海賊王的鑰匙圈，眼中還有一抹不捨。那份不捨可能30％是我，70％是最寶貝的海賊王鑰匙圈。我跟導師說，我會好好保存鑰匙圈，若是他反悔了，請隨時和我連絡，我會把海賊王還給他的。

當老師是勞心但也是最有意義的一份工作，看到的成長不是銷售數字，而是有無限潛能的孩子。小朋友純真的情誼，讓旅居異鄉的我，得到很大的精神慰藉。我想這些孩子可能會因為我而認識台灣，喜歡台灣；而我無庸置疑的，因為他們而更喜歡日本。

♪全世界工時最長的老師

我的同事都晚上七、八點才回家，也就是說日本老師每天工作超過十二個小時。經濟協力開發機構OECD有一個國際性調查，日本老師加班時間五十三．九小時，是全世界工時最長的老師，而且沒有加班費。甚至於周末假日、學生球隊、或部活動要來學校練習，老師當然也要來看著他們，但還是一樣沒有加班費。

♪重視體育，老師也一起動

曾經有個很資深的校長跟我聊天說，日本老師要是不用指導「部活動」，生活應該會輕鬆不少。部活動是什麼呢？日本除了體育課之外，幾乎每個學生包括老師，不分男女，大家都要選一種球隊或運動項目，網球、棒球、足球、排球、籃球、桌球、田徑和劍道。目的除了球技精進，訓練體力之外，主要是**培養運動家精神**。

每一、兩個月就會有校際比賽，接著就是縣市比賽、地區大賽、全國大賽，各校卯足全勁，全員積極參與，不是只有體育老師和少數會運動的校隊選手的事。比賽前，學校還會盛大地舉行振奮士氣大會，為即將出場的選手加油打氣。

選手們平常練習的時間也非常頻繁，每天清晨七點上課前、下午四點放學後，週末和寒暑假也都要到學校練習，因此日本的老師寒暑假是不能休息的，每天都要到學校，因為學生都必須得練球。

即使是每個人每天早晚扎扎實實的練習，課堂上的體育課也一點都不馬虎。一到夏天，就看到帥氣的體育老師換上短褲人字拖，拿著一隻長刷，在大太陽下用力地刷洗游泳池。新的教育綱領還規定要上傳統武術，包括劍道、柔道等，這時，帥氣的體育老師會換上劍道服，赤腳拿著木劍，在武術館裡豪邁地比畫。

♪ 教改值得借鏡的地方

我個人認為，日本義務教育裡，最值得借鏡的就是對學童體力的培養，對運動的重視。日本教育部從六〇年代開始，從小學一年級進行「體力測驗」，一直持續紀錄到高中為止。教育目的除了學科之外，還要打造強健的體格，沒有健康的身體，書是念不好的。既使書念的好，三天兩頭生病也會讓家人擔心。台灣在討論教改時，針對學科內容外，希望也能加強體育和食育的思維。

同時，也能發掘更多有潛力的體育選手，揚名國際，站在世界的舞台。在日本，最開心的就是看到日本媒體報導陽岱剛、曾雅妮、盧彥勳等台灣傑出選手有亮眼的成績。在亞運看到台灣選手拿金牌，覺得好驕傲而且好振奮人心。二〇二〇奧運在日本，也是亞洲的機會，希望能在奧運中看到台灣選手有好成績，更能帶動全民體育風氣，讓台灣人跟日本人一樣長壽健康。

♪全世界都有的「日本人学校」

在日本當老師，每隔幾年就會換學校。校長則是兩年就調換一間學校。不像我在台灣念小學的時候，校長一當就是好幾十年。日本老師不想待在國內，甚至還可以申請調到海外的日僑學校。

然然在台灣從小一開始讀日僑學校，我很驚訝的是，幾乎和我待過的日本當地學校一模一樣，從硬體的學校教室、設備、課本，甚至用具，到軟體上的教學活動也是同出一轍，好像是小叮噹把整個日本學校直接搬了過來一樣。

日僑學校的校地寬廣，但是比較偏遠，大部分學生都坐校車上學。每天早上校車一到，所有的老師都會一字排開，站在下車的地方，迎接學生，有精神的打招呼「おはようございます」。因此，每個老師很快就能記住全校小一到國三每個人的名字。

♪為什麼要在全世界設立「日本人学校」？

全世界有近一百所的日本人學校，教學內容幾乎一模一樣，沒有其他國家有一致性這麼高的龐大完整的外僑學校系統。為了維持同質性，教科書都是由日本文部省直接寄送到海外的日僑學校，校長和老師也都是從現任的中小學派任，純日式教學。也就是說，全世界的日本小學生，不管在哪一個國家，只要選擇念日僑學校，就是一樣背著日本書包ランドセル，念一樣的課文，考一樣的學力測驗。學校也盡全力安排日本傳統的節日，像是夏日祭典、做麻糬等活動，讓孩子即使在國外也能有同樣的體驗。

每年四月會有約四百名的日本老師分發到全世界的日僑學校。教師是從前一年經過申請，嚴格面試篩選過的，必須是成績優秀的人，才能被選上。但是老師事先不能請願指定要到哪一個國家，因為要秉持教育是平等的理念，有可能派任義大利米蘭、法國巴黎、紐約、雪梨、曼谷，也有可能去埃及開羅、肯亞、俄國或是墨西哥等。聽說埃及開羅的日僑學校，馬拉松是跑金字塔一圈，在沙烏地阿拉伯的日本小朋友，遠足是去沙漠騎駱駝；但是課堂上還是一樣學あいうえお，期末話劇演桃太郎的故事。

雖然教科書是日本「原裝進口」的，但是學校也會積極安排活動，讓孩子能夠了解當地的社會文化，有國際理解的心，融入當地的社會。因為這些從小在外國長大的孩子，對語言文化的吸收非常迅速道地，擁有特殊的生活語和言經驗，將來長大是日本中堅的精英人才，活躍於貿易外交等各領域，擁有寬廣的胸襟，站在國際舞台放光芒。

日本的最新教育改革

台灣近幾年教育改革是最熱門的話題，除了北歐等先進國家的想法可以借鏡之外，日本因為地理文化背景和台灣相似，也很有參考價值。日本在平成二十三年（二〇一一）開始，有鑑於學生學習能力的低落，文部科學省大幅修改了最高教育指導綱領，「新學習指導要領」，這是規範幼稚園到高中的教育憲法。

新的教改最核心的理念就是，「生きる力」。培養孩子堅韌的生命力，也可以解釋成生存的能力，在變化激烈的社會所需要的能力。為什麼會定「生きる力」為教改理念？

背景是現今的世間變化多端，我們沒有辦法一直給孩子答案或解決方法。孩子們最需要的是，能夠自己發現課題，自發學習，主動思考判斷，具有解決問題的資質和能力。

讓孩子成為一個獨立個體，將來能在社會平順的生存下去，最基本的當然要有穩健的知識學力，敦厚的人性和健康的身體。

具體教改實施內容就是，

一、加深學校的授課內容和增加上課時數。

二、培養孩子敦厚的人性，有自律心，能規範自己並與他人和平溝通協調性，處處替別人著想。

三、能欣賞世間萬物而心存感動。

（資料來源：日本文部省）

28. 生きる力，堅韌的生命力

我自己有許多徬徨無助的時候，我想要怎麼教我的孩子？我想要給他們什麼？我希望然然和悅生將來能成為什麼樣的人？常在繁忙的一天之後，看著他們睡著的樣子，反省自己，不知道今天這樣做是對還是不對。

教育的目的到底是什麼？考上建中、台大？在一流企業上班，光耀門楣？娶豪門千金，傳宗接代，……這些聽起來都不錯。

但經過反覆思索，**我希望然然和悅生有堅韌的生命力，開朗樂觀的人生態度**。我沒有辦法陪他們一輩子，在我現在或未來伸手不及的歲月裡，面對跌倒，他們能自己勇敢站起來，知道雙手拍拍就沒事，雲淡風輕了。不怕痛，不怕跌倒挫折，積極地面對人生挑戰。

我的同學朋友不乏醫生、律師、台大高材生，留英或留美碩士、博士，從小到大成績優秀，一帆風順。但是大家進入婚姻，生了小孩，過得是一樣平凡忙碌的生活，絢爛亮麗的過往，也被埋葬在白堊紀遙遠的時代。我赫然發現，**擁有學歷並不是像遊樂園的入園券一樣，可以一張票人生玩到底，處處通行。**

現在才覺得，好像沒必要老搶著當第一。第一名沒辦法保證人生。我在北一女任教多年的好友曉霖說，在這個所有第一名聚集的地方，沒辦法再讓每個人都當第一名。但是人生的舞台，聰慧的孩子要能夠當配角，也甘之如飴，才會是人生勝利組。

每次看到資優生跳樓，我都會難過地說不出話來。讓我最不捨的不只是他父母師長的心情，而是想到這孩子活著時，一定承受著巨大的痛苦，像一顆大石頭般壓著自己，而找不到方法解決，也許少的就是堅韌的生命力。

街坊鄰居，包括我媽，看著新聞，一定會用台語罵這個孩子，枉費養他這麼大，真是不會想之類的。但是反過來，我們大人有教過他要怎麼想嗎？我的那個年代只要會念書就好，其他事不能做也不用做。我也相信高學歷的確可以帶來榮耀和好處，在某種程度上保障人生。我也希望然然和悅生會念書，看到他們飛黃騰達。

但實質上，我這幾年在養育小孩的過程中也漸漸領悟到，**假設有一天老天爺問我，祂願意賜給我的孩子們兩個寶物，我想我的答案是不變的，一是健康，二是快樂。**希望他們健康快樂的活在每一天。

♪生きる力：從跌倒中勇敢站起來

我唯一自豪的是，然然哥哥和悅生寶寶從小跌倒就不會哭。我發現，世事未泯的孩子對於事情的反應，其實看的是父母的表情。哥哥跌倒時，其實我擔心的不得了，不知道傷勢如何，但總是強忍住，表面上一副若無其事，溫柔地說，「啊，跌倒了，沒關係，拍拍起來。」

然然和悅生就會認知，原來這沒有什麼，痛一下沒什麼關係，就像流汗黏黏不舒服一樣，吹吹風就好了，本來快要掉下來的兩顆淚珠也被風吹乾了。

剛學騎腳踏車的時候，有一次，然然哥哥跟把拔在北海道石狩川的河堤練習，不小心摔得膝蓋流血不止。我先生打電話給我，叫我請歐記醬先準備車子，要送然然去醫院，我和歐巴醬嚇得心臟都快停止了。

我趕緊跑到樓下，看到他們三個人牽著腳踏車，平靜瀟灑地慢慢走回來。我先生表情鎮定，面帶微笑地跟然然哥哥說，「大丈夫だよ，只有一點點受傷而已，爸小時候也常摔倒喔，雖然很痛但是還可以忍耐嗎？我們都是男生呀。」然然很勇敢，一滴眼淚都沒掉。倒是跟在旁邊的悅生表情是最緊張的。

我看到那整隻腳的血，都快昏倒了，可是還要幫忙演一下，「哇，然然太勇敢了，跟鋼鐵人一樣耶，呵呵。」當時，如果我露出緊張擔心的表情，並不會讓傷勢好或止血，反而會亂了孩子的情緒。

看到孩子跌倒，身為父母的我們一定十分緊張，但有時緊張地衝過去，「哎呀，怎麼跌倒了？流血了耶！痛不痛？」就算孩子本來沒有要哭，聽到這麼可怕的話，看到媽媽表情緊張，氣氛這麼凝重，馬上哇哇大哭起來。淚水是屬於失戀分手時，或是看電影感動時，還有火箭發射成功時，絕對不是走路跌倒，這種搬不上檯面小事的理由。

小朋友運動神經和平衡感還沒完全發達時，跌倒是無可避免的，我自己穿高跟鞋也偶而會很糗的跌倒，重點是，如何從跌倒中勇敢漂亮的站起來。而且，人就是這麼奇怪，愈不想跌倒，就愈會摔得慘。

♪生きる力：獨立自主的能力

然然和悅生從小跟著我在台灣、日本兩地飛來飛去，我會用最簡單的話，解釋出國坐飛機的順序，還是老套，把要做的事情邊編號１２３。

１、Check-In. ２、檢查包包和護照。３、找登機口Gate。我會告訴他們下一步要做什麼。這樣一來，讓他們有事情做，也不會無聊地一直吵吵鬧鬧，或跟在大人身後漫無目的。

然然認識的第一個英文單字是Gate，因為這是坐飛機最重要的。只要知道在幾號Gate搭飛機，萬一走丟了，也可以自己找。這是我自己在歐洲機場轉機，語言不通之下所累積到的經驗。我希望明年悅氏兄弟倆就可以自己坐飛機回台灣。其實在日本，暑假期間會有很多小學一年級的小朋友，自己搭飛機去外公外婆家。航空公司也會特別照顧這些小朋友，比商務艙的貴賓還優先登機。

在台灣，坐高鐵、台鐵的時候，我也會不厭其煩的解釋，票在哪裡賣、時刻表怎麼看、為什麼會有南下和北上月台等。有許多大人認為理所當然的事，其實小朋友還不懂。我認為這些知識是基本而必要的，我盡量簡要有邏輯的說明。像是乘車的技巧、車站的動線。在東京坐電車或地下鐵換車時，山手線這麼長，要選擇坐哪一輛車廂離電梯才會最近？坐對車廂，電車門一開，眼前就會有手扶梯可以直接下去，不用和一大堆人擠在月台。因為車站邏輯的訓練，我們去新加坡看F1賽車，坐地鐵時，悅然和悅生的反應比我還快。

這年代似乎已經不是把小孩牽好，叫他們有耳無嘴就可以了。我希望然然和悅生，不只是功課聰明，也是聰明生活家，隨時「用頭腦想一想」，事情要依照什麼樣的順序做，next step下一步要做什麼，才會迅速有效率，不會帶給別人麻煩。

♪生きる力：多嘗試、增加生活的體驗機會

日本有一句諺語：「可愛い子には旅をさせよ（因為孩子很可愛，得到我們的憐愛，所以要讓他去旅行，擴展見聞）。」從小多出去走走，旅行是最好的教養。

我很怕孩子愛打電動，所以常常帶他們外出趴趴走。剛好我先生也是喜歡到處旅行的人。以前只有然然時，我們常會出國玩。後來悅生寶寶出生，就比較少出國了。但對小孩子來說，不一定要去很遠的地方，生活處處是體驗。

然然和悅生喜歡騎腳踏車，沿著河堤，到附近公園抓蚱蜢；或是跟爸爸踢足球，丟接棒球；爬大雪山看高原植物，或吹吹路旁的蒲公英棉絮種子，讓滿地開滿黃色的小黃花。

有時趴在路過小小的橋上，聽著溪水流過石頭的聲音，撿撿小石頭。下雨天穿著雨衣和雨鞋去散步淋雨，跳跳水窪。或是寫一封信放進信封，貼上郵票，再寫好郵遞區號和地址，走去郵局寄給日本歐巴醬。

♪ 最堅強勇敢的人

三一一地震不久後，我帶著悅然和悅生回台灣，我先生被宣告得癌症。他不希望我擔心，也沒告訴我公婆，選擇一個人在日本面對治療和手術。我知道我能為他做的，就是在台灣把兩個小孩帶好，快樂地生活。他是我見過最堅強的人，讓我見識到什麼是堅韌的生命力，什麼是生きる力。

後記

我是一個很喜歡睡覺的人，寫書的過程中，最痛苦的莫過於常在念完睡前故事後，不小心比然然和悅生還先睡著的我，半夜還要掙扎爬起來寫稿。我的原則是他們白天在家時，盡量以他們為重心，一定不寫稿。其實因為腦袋瓜思路會不清楚，寫出來也差強人意。而且筆電檔案一定不能開，我記得明明剛剛這裡有一段文字，怎麼不見了……筆電也不能蓋起來，悅然和悅生都曾經不小心用手壓壞我一台VIAO和ACER螢幕。

我出書其中有一個目的，是希望然然和悅生覺得，他們每天在學校很努力讀書，媽媽在家裡也很努力寫書，有一起奮鬥、同舟共濟的精神。然然哥哥放學會好奇關心地問我，「媽媽今天寫到哪裡？寫了什麼故事？」悅生寶寶則會

直接問，「媽媽妳寫到第幾頁ㄚ？」（好嚴格）

他們兩個也喜歡學我寫書，自己用Ａ４紙對折釘起來，全彩中日英文附圖，出書速度比我還快。常常我趕稿來不及時，然然哥哥睡覺前會說，「等一下妳還要起來寫書嗎？那我陪妳，要叫我喔。」希望他們能以「台灣」的媽媽為榮，喜歡台灣，在不久的將來，中文程度可以好到看懂媽媽寫的書。

能夠順利完成這本書，除了謝謝天公伯的保佑，還有小學同學張文的一路陪伴；國中同學好友Shirley總是在我意志消沉時，鼓勵我鞭策我，重新給我信心和力量；高中同學邱綺美女律師隨時有關及無關法律的諮詢；大學學姊逸筠犀利的分析和專業的攝影。

謝謝同樣身為人母的商周總編輯靖卉，和善又有效率的給我引導和建議。還有不辭辛勞的副主編子宸、媖茜、美編設計工作夥伴。最後謝謝全力支持我，幫我帶小孩讓我能專心寫書的把拔和家人。

我想起我懷然然……

有一次在広尾病院的媽媽教室，醫生最後把瑜珈教室的燈光轉暗，放著音樂，讓所有的孕婦躺在先生的大腿上。他朗誦了一首詩，內容是一位即將出生的小寶寶對他爸媽說的話。我聽著聽著感動地眼淚直流，把我先生的褲子哭濕了一片，燈光亮時，害他好尷尬。

當初這首詩，給予我很大的勇氣去面對生產的不安。經過了幾年後，現在面臨育兒的種種挫折，心力交瘁的時候，再一次讀這首詩，讓我找回當時的悸動和喜悅。

把這首詩，獻給和我一樣在育兒中奮鬥的爸媽們。
各位親愛的爸爸和媽媽們，您們／我們大家都辛苦了。
今天也讓我們放輕鬆一起加油吧！
今日も肩の力をぬいて頑張りましょうね！

我選擇你的理由（わたしがあなたを選びました）（節錄）

（鮫島浩二　主婦之友社出版）

爸爸、媽媽，請讓我這樣稱呼你們。
看到你們相依相守的恩愛模樣，我下定決心要降臨到這世上。
因為我覺得，你們一定可以讓我有個多采多姿的人生。
要從這潔淨無瑕的世界降臨到人世間，是需要勇氣的。
我有朋友對人世間的生活感到不安，中途就回來了。
也有被拒絕，一路哭著回來的朋友。

爸爸，接受我的那一天，你已經想不起來了吧？
彼此渴望、結合在一起的那一天。
天長地久的強烈愛意，吸引我前來的那一天。
你忽然預感會有「新生命」的那一天。
是的，那一天，我選擇了你。

媽媽，你還記得知道有我的那一天嗎？
你感到不知所措。
你感到一陣不安。
然後，你欣喜地接受了我。
你心中一瞬間的轉變，我記得很清楚。

你害喜難過不已，但想到我，鼓勵自己要撐過去。
你承受不了我的重量，怪自己真沒用。
這些事，我都記得好清楚。

媽媽，你和我是一體的。
你開心歡笑時，我感到充滿幸福。
你生氣悲傷時，我感到不安來襲。

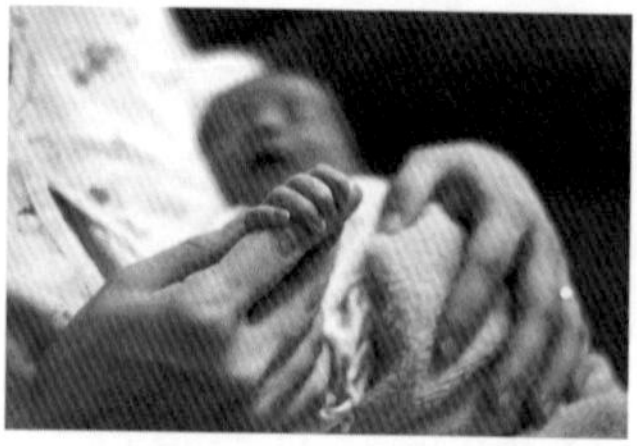

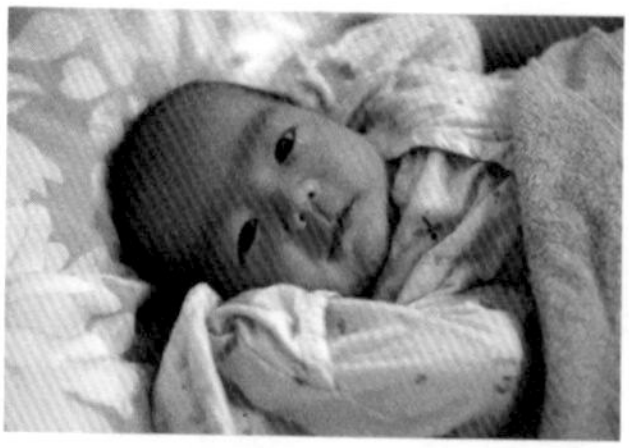

你休息放鬆時，我感到陣陣睡意。
你感受到的就是我感受到的，你和我，是一體的。

媽媽，你為我所做的努力，我絕對不會忘記的。
連你喜歡的咖啡也很少喝了吧！
面對美食的誘惑，你真的很努力地去抗拒了。
為了我常去散步，告訴我這人世間有多美好。
所有的努力都是為了我。我真的以你為榮。

媽媽，你的期待如此之大，讓我有點不安。
我來到世上的第一天，你會如何迎接我呢？
我的長相會不會讓你失望？
我的性格會不會使你嘆息？
我的一切，都是上天和你們賜給我的禮物。

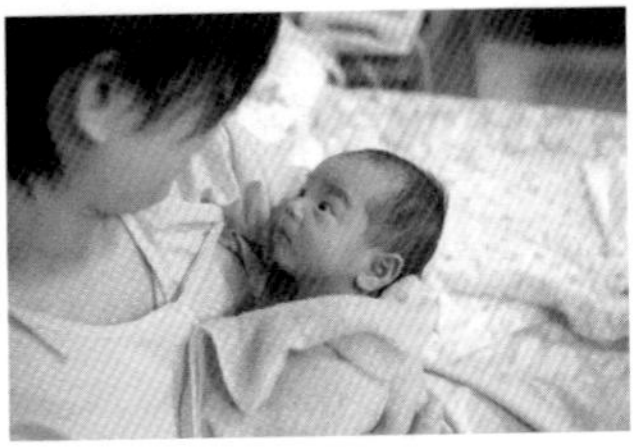

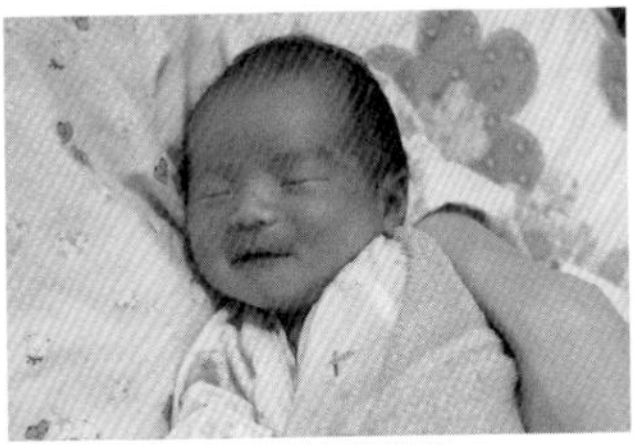

我欣然接受了。

因為我相信，這樣的我，一定是最受寵愛的。

媽媽，再過不久就可以跟你見面了。

想到那一天，我就欣喜不已。

我會鼓勵你的。

我會照你的意思轉動身體。

我會照你所想像的生出來。

我非常愛你，相信你。

爸爸、媽媽，請讓我這樣稱呼你們。

看到你們相依相守的恩愛模樣，我下定決心要降臨到這世上。

因為我覺得，你們一定可以讓我有個多采多姿的人生。

爸爸、媽媽，現在我覺得，我的選擇是正確的。

我選擇了你們。

（end）

然然哥哥、悅生寶寶，謝謝你們選擇了我。

——媽媽

國家圖書館出版品預行編目資料

日式教養不一樣 / 蔡慶玉著. -- 二版. -- 臺北市 : 商周出版 : 家庭傳媒城邦分公司發行, 2019.11
面； 公分. -- (商周教育館 ; 31)

ISBN 978-986-121-970-7(平裝)

1..親職教育 2.育兒

528.2　　103020491

商周教育館 31

日式教養不一樣

作　　者／蔡慶玉
企劃選書／黃靖卉
責任編輯／彭子宸
版　　權／黃淑敏、翁靜如
行銷業務／莊英傑、周佑潔、黃崇華、張媖茜
總 編 輯／黃靖卉
總 經 理／彭之琬
事業群總經理／黃淑貞
發 行 人／何飛鵬
法律顧問／元禾法律事務所 王子文律師
出　　版／商周出版
台北市104民生東路二段141號9樓
電話：(02) 25007008 傳真：(02)25007759
E-mail:bwp.service@cite.com.tw
Blog：http://bwp25007008.pixnet.net/blog
發　　行／英屬蓋曼群島商家庭傳媒股份有限公司城邦分公司
台北市中山區民生東路二段141號2樓
書虫客服服務專線：02-25007718、02-25007719
24小時傳真服務：02-25001990、02-25001991
服務時間：週一至週五9：30-12：00；13：30-17：00
劃撥帳號：19863813；戶名：書虫股份有限公司
讀者服務信箱E-mail：service@readingclub.com.tw
城邦讀書花園：www.cite.com.tw
香港發行所／城邦（香港）出版集團有限公司
香港灣仔駱克道193號東超商業中心1F；E-mail：hkcite@biznetvigator.com
電話：(852)25086231 傳真：(852)25789337
馬新發行所／城邦（馬新）出版集團【Cite (M) Sdn Bhd】
41, Jalan Radin Anum, Bandar Baru Sri Petaling,
57000 Kuala Lumpur, Malaysia.
電話：(603) 90578822 傳真：(603) 90576622
email:cite@cite.com.my
封面設計／張燕儀
美術設計／陳健美
印　　刷／韋懋實業有限公司
經 銷 商／聯合發行股份有限公司
地址：新北市231新店區寶橋路235巷6弄6號2樓
電話：(02)2917-8022 傳真：(02)2911-0053

■2014年11月4日初版
■2019年11月7日二版
定價320元

Printed in Taiwan

城邦讀書花園
www.cite.com.tw

 ISBN 978-986-121-970-7